穿透人的灵魂
撬开人类大脑的唯一钥匙

出神入化的

思想是内在的语言
语言是外在的思想

万能语言

朱志一 著

团结出版社

图书在版编目（ＣＩＰ）数据

出神入化的万能语言 ： 说话是成功的开始 / 朱志一
著. -- 北京 ： 团结出版社，2018.3
ISBN 978-7-5126-5464-8

Ⅰ．①出… Ⅱ．①朱… Ⅲ．①神经语言学 Ⅳ.
①H0-05

中国版本图书馆 CIP 数据核字(2017)第 193455 号

出　版：团结出版社
　　　　（北京市东城区东皇城根南街 84 号　邮编：100006）
电　话：（010）65228880　65244790　（出版社）
　　　　（010）65238766　85113874　65133603（发行部）
　　　　（010）65133603（邮购）
网　址：http://www.tjpress.com
E-mail：zb65244790@vip.163.com
　　　　fx65133603@163.com（发行部邮购）
经　销：全国新华书店
印　装：唐山新苑印务有限公司

开　本：170mm×230mm　　　16 开
印　张：10
字　数：117 千字
印　数：3045
版　次：2018 年 3 月　第 1 版
印　次：2018 年 3 月　第 1 次印刷

书　号：978-7-5126-5464-8
定　价：55.00 元

序言

记得曾经有人告诉我："人和动物最大的区别就是文字的发明！"

在动物界，动物依靠生物的特性、生活经验和技能进行积累与传递，其主要通过先天本能的遗传方式进行。这种积累与传递的方式局限性很大，有很多东西会在中途遗失，不能继承下来。

而人类是通过社会生活经验、思考经验和生存技能等进行积累与传递的，具体体现为"思想——语言——文字——文化"，并一代一代地传下去。这种传递方式有很大的优越性，人类创造的物质财富和精神财富都可以通过文字代代相传，中途遗失较少。这种传递方式，把不同的历史时期联系起来，使人类历史具有连续性。

所以说，一个人字"写"得好很重要，一个人会"写"更重要，看看我们从小到大都"写"过些什么：

语文默写、练字、作文、黑板报、请假条、日记、各种体裁的文章、书信……

想想我们经历过多少需要"写"的环节。

有的时候我们总是词不达意，有的时候前后颠倒，有的时候文字晦涩难懂，有的时候段落冗长，有的时候文法不通！

你满意你的写作能力吗？你是否觉得自己还可以写得更好？即使我们踏入社

会，在工作岗位上，我们还是需要不断地学习写作，写出让人无法抗拒的文案，写出令人满意的报告。

而比起"写"的能力，能说会道的能力更为重要，很多思想都是靠"语言"来影响身边的每一个人。人类来到这个世界上，首先是有语言，后来才有文字，文字的历史只有五千年，而语言的历史却有两万多年。思想是内在的语言，语言是外在的思想；文字是落在纸上的语言，语言是打开人类大脑的钥匙。枪炮可以穿透人的身体，而语言可以穿透人的灵魂。

富兰克林曾经说过："说话和事业的进展有很大的关系，是一个人力量的主要体现。"

春秋战国时期，王诩（人称鬼谷子）曾收徒四人：孙膑、庞涓、张仪和苏秦。

这四人当中，孙膑、庞涓主修兵法，兼通武术、奇门八卦，多次在危难时刻以弱胜强，以少胜多，改变战国时期的历史格局。而张仪、苏秦主修纵横捭阖术（游说、外交）。越国国王无疆带二十一万兵马侵楚，张仪出山使用连环计诱敌深入，使得楚国一举歼灭无疆大军，吞并富甲天下的越国，获得了极大的胜利。再看苏秦更是了得，利口巧辞，拜六国之相，竟然令赵、韩、燕、魏、齐、楚六国"合纵"，以六国之势制衡秦国，让秦师不敢向函谷关进兵，使秦国实现统一推迟了十五年。

可见语言的威力有多大，苏秦的一张嘴巴，强于百万军队，甚至影响整个国家。

说到这里，不得不提另外一个人，这就是孔子的学生子贡。《史记·仲尼弟子列传》中记载："故子贡一出，存鲁、乱齐、破吴、强晋而霸越。子贡一使，使势相破，十年之中，五国各有变。"子贡一介布衣，赤手空拳，凭借自己的言辞，竟然改变了五个国家的命运！这种语言的艺术令数千年后的我们无限景仰！

回到现代，我们看看商业巨子马云，1999年马云站在家里的桌子后面，激情满怀地向他的伙伴进行了一次长达三个小时的"演讲"，阿里巴巴从此诞生。马云更是靠"说"，让"十八罗汉"倾力相助，创造了一次次的商业奇迹！

而美国总统前奥巴马也是经过多场演讲，击败希拉里成为民主党的总统候选人，后来又战胜老将麦凯恩成功当选美国第44任总统，是美国历史上首位连任的黑人总统，他靠语言魅力征服了美国，征服了世界！

在没有语言之前，人类对自然的认识处于无意识状态。瑞士语言学家索绪尔说过："离开了语言，我们的思维仅仅是难以名状的东西……思想就其本身，乃一朦胧之帷幔。"在语言诞生之前，万物、观念很难系统得被概述出来，有了思维，有了语言，就产生了原始的表达和对话。人们希望借助于语言通过交流活动将自己的愿望传递出去，承担人与神的对话功能，这也就是远古时期的"巫术语言"的缘起。

即使我们没有滔滔不绝的口才，生动活泼的表情，开朗幽默的话题，但掌握"出神入化的万能语言"之后，我们依然可以让对方有心动的感觉，这就是语言的魅力所在！

我们日常工作和生活中的每一件事情，包括演讲、销售、求职、交往、沟通、融资、谈判……几乎都离不开语言，而这也是本书的精髓所在。

集客传媒创始人肖翔

目　　录

开篇

中篇

末 篇

开篇

一、为什么要写这本书

记得在 2000 年的时候，国内还很少有人讲关于 NLP[①]的知识，在那个时候我一直在跟随曾亮老师学习 NLP。一开始，我们把 NLP 的课程分为初级班和中级班，但招生效果并不是很好。有一天，我对老师说，要不改个名字吧，把初级班改为"经典班"，把中级班改为"英雄之旅"。对了，就是这个"英雄之旅"，我逼着曾老师开了一期，老师被我催眠了，你们知道吗？当时这个班来了好多人报名，由此，我们在沂蒙山有了一段美好的历程。看看，当文字和语言被改变时，其所赋予的意义就改变了，一切都发生了改变，之后我们的 NLP 课程一直都做得很棒。

直到今天，曾亮 NLP 课程已经成为全国 NLP 系统开课次数最多、培养导师最多、贡献最大的 NLP 课程了。

到今天为止，参加过"英雄之旅"的伙伴已近万人，很多朋友从中受益，他们从中发现了自己的天赋，并且收获到了更多快乐、幸福、丰盛的东西。是的，不管我们将来会不会去做一名导师，语言都是一个非常重要的内容；无论我们做什么，学会说和写都是非常重要的事情。

一路走来，我都一直很开心和欣慰，是的，我推荐了很多朋友来到曾老师的身边，在曾老师的帮助下，化解了他们面临的危机，改变了他们的命运。

---

① NLP 即神经语言程序学 (Neuro-Linguistic Programming) 的英文缩写。

一天，曾老师在临沂开课。有个叫黄某的学员，他说他面临一个重要的挑战：他 80% 的订单都是依靠印度的一个客户，后来这个客户因为种种原因决定停止跟他合作。黄某问老师，目前面对这样一个挑战，他应该怎么办。

老师让他去印度，他真去了。一天凌晨两点多，曾老师竟然收到了黄某的微信。他对老师说，他在印度见到了客户，但被直接拒绝了。之后他又给老师发了几条微信，简单地聊了几句，总共来回发的微信不超过 20 条。等到凌晨五六点的时候，他发回微信说："曾老师，太棒了，一切都 OK 了。"

知道发生了什么吗？是的，是因为相信，相信自己，相信老师，相信自己的信念，同时在一切都不可挽回的时候，使用了曾老师教给他的一句万能语言："我还能为你做些什么呢？"是的，就这么一句话，就这么简单，改变了前提和假设。上过 NLP 经典班的人都会有"卓越"状态，也就是"大师"状态，当我们的状态进入"卓越"状态，并真诚地对待身边每一个人，奇迹就会无所不在！如果我们的人生都是快乐的，幸福和财富离我们还会远吗？

亲爱的读者朋友，你也想成为一个快乐的人吗？无论我们将来会成为一个怎样的人，我们都是自己生命的导师！我们说生命中唯一的导师就是我们自己，当我写下这句话的时候，我的每一根头发都竖起来，都在颤抖。是的，你生命中唯一的老师是你自己，不是我，所以学会语言是作为一个老师至关重要的一步！因此让我们一起踏入神奇的旅程，走进《出神入化的万能语言》。

二、语言是如何做到出神入化的

我们都知道，"语言"是一个很奇妙的东西，一个人要把一件事情讲出来，会经历一个怎样的过程呢？大脑是如何把思维认知和语言神经链接起来的呢？

我发现有些人在学完我的语言课后，将其用在工作中，就发生了翻天覆地的变化。不管我们讲什么，对方都会收到，不管我怎么讲，对方都愿意接纳，语言沟通的最大秘密不是"沟"，而是"通"，一定是对方有了回馈，才是真正的语言沟通！

1. 把话讲清楚的 5 个流程

学习语言，第一步就是怎么把一件事情讲清楚。

当我们作为一位老师，一位领导，一位家长，在我们给对方讲述一件事情的时候需要分五个流程：

流程 1：讲解，要把你要表达的内容清晰明了地告诉对方；

流程 2：询问，讲解完后要问对方有没有不懂的地方；

流程 3：演示，尽量当着对方的面做一个演示指导；

流程 4：练习，演示完让对方做一遍给你看看；

流程 5：提问，对方做完发现什么问题，再次提问是否明白。

我们看到曾老师在课堂上讲课就是如此：首先他会先讲一个概念，讲完之后询问有没有要提问的或不懂的；然后再做一个演示，可能在演示过程中很多人就明白是怎么回事；做好了演示需要每个人分别去做练习，因为大脑看到并记住的东西并不属于你，只是停留在思维层面，一定要靠动作练习，才能真正让身体记忆；做完练习后老师会再问，通过练习发现问题，然后给予及时处理。

当掌握这五个流程之后，再想一想，你在公司处理问题，你在教育孩子时是不是这样做的。当你做讲解时，对方有没有不明白的地方？如果有，那就做一遍给对方看，然后让对方去做，根据对方做的结果再次探讨，通常我们大部分人都会把后面几个环节忽略掉。

2. 精准而明确地下达指令

我们要给别人精准而明确地下达指令。比如我说："等下开始的时候，你们就站起来，然后用你的右手，摸后面三个门上的扶手，摸完后回到自己的座位上。好，开始！"

我的指令是什么？听到我说："站起来，用你的右手摸扶手，摸完后回到自己座位上。"我下的指令是非常清晰而明确的，这里面包含 3 个指令：站起来、用右手摸扶手，摸完后回到座位上。

大家有没有想过，我们平常跟别人聊天，我们说的话可能是不清晰不明确的指令。

例如，你说："把车窗摇下来"，我问你："摇哪个车窗，摇到什么程度？"你看，你好像很明确地下达了指令，事实上你跟别人的沟通是不明确的。

我们试着下达一个指令，里面包含 3 个小的指令，清晰明确。如果你说："围着这个大厅转三圈"，这是一个简单的可操作的指令，但是里面没有包含 3 个指令。在我们与人沟通、做导师、做管理的时候，都应该这样清晰而准确地下达指令，避免沟通出现歧义。

通过练习，可以看出我们平常说话的模式，可以清晰看到我们生活的状态。

每天早上起来先做的这个练习，你发现你说话会越来越精准，一张口别人就知道你在说什么，一张口别人就知道怎么做。

开始训练比较简单，从简单的 3 个指令开始，比如说："你们拍三下手，然后跳三下，然后说'YES'。"

然后练习变得复杂些。"请你举起你的右手，高过你的头顶，左手摸着腰，转三圈，然后蹲下来，再站起来说：'哦，我爱你'。"

很多人在下达指令时都不清晰，这很正常。做导师也好，做管理也好，学会用语言下达清晰的指令，这个能力是非常重要的。

3. 一句话亲和力——练习赞美

平常我们是怎么赞美别人的？

"哇，小姐，你长得好漂亮！"

估计，你刚说完，别人就会骂你一句"流氓"，然后扭头走掉！

"小姐，我看到你今天穿这件黑色的长裙，让我感觉到你是一个有气质的女士。我最欣赏的就是像你这样有涵养的人。"

同样的一句赞美，后者不至于被人白眼，同时获得了亲和力。

本书会教大家一个超级亲和力的话术：

"我看到了你……，让我感觉到你是……的人。"

最后，可以加一句："我最欣赏你的是……"这最后一句话不要乱改，照搬就好。

在我们 NLP 里有个"小鱼儿"文化，也就是赞美文化。开始养成"小鱼儿"文化，随时随地去赞美你身边看到的人和事："我看到了你……让我感觉到……的人，我最欣赏你的是……"

尽量去观察身边的人，然后找到所有人的优点。从他身上，你看到了他的什么特点，让你感觉到他是什么样的人，你最欣赏他的是……然后写下来，送给他，一定会打动对方。

当然我们需要不断训练，要大声表达出来，把这个"一句话亲和力"植入你们的身体，达到一个完全和谐的效果。如果有可能的话，在你的企业文化里也形成"小鱼儿"文化，客户一进入你的公司就会感受到与众不同的亲和力和温馨。

4. 非语言的引导——练习身心一致

我们在与任何人沟通的时候，最重要的就是配合对方的眼神、呼吸、动作、语气、语调、语速，让彼此的身心调到合一。沟通的时候，当我们与对方的身心全部配合到一起时，呼吸的节奏也完全一样的时候，你传递的任何信息，对方都会很容易收到。

有的时候，我们与人沟通的时候，我故意让对方收不到，那我就与对方做出相反的动作；有时我们要别人认可，就要与对方一致。作为一个卓越的沟通者，这方面要训练好，比一切都强！这就是为什么很多做老板的，苦口婆心地和员工谈话，对方就是收不到！有些做家长的，与孩子语重心长地沟通，孩子就是不听。有些人面对客户的时候，说破了嘴客户就是不买账。其根本原因就是因为身心不一致，大家不在同一个频段，所以保持双方身心一致很重要。

如果你很爱一个人，但是对方根本感觉不到你的身心，对方根本就接收不到爱的感觉。

现在，我们来做个练习：

这个橘子太酸了。（点头）

好美味的东西啊！（摇头）

你试着配合做一下，要做得很协调，是否容易？你发现似乎没那么容易，但一定要练！

我记得有个学员在练习这个环节的时候，说："我平常说话太快了，让我点头慢下来太不可思议了，怎么身体和说话一起的时候，就觉得不对劲呢？"

在与别人沟通时，身心一致，就会给别人一种很舒服、很协调的感觉，你可能没有意识到，但潜意识可以接受到那份完全一致的感觉，然后就会"唰"地一下把信息接收到。虽然你表达得一般，似乎信息的传达受到很多障碍，但这些信息他人接收到了。

经常有人说："哇！曾老师身上散发的正能量真棒，不知不觉就解决了我的问题，一切都 OK 了，沟通得非常顺畅！"原因就在于老师能完全与你身心一致，而你根本觉察不到！

在练习的时候，你会发现中间好像有什么东西存在。对，慢慢来，慢比快好。太棒了（点头），点头点得深一点。你记住一点，说话说得意味深长，一定是非常棒的一件事。下次你一旦跟别人沟通的时候，就去调整你的身心，当调到身心一致的时候，传达信息是很容易的事情。

在曾老师 NLP 经典班上课的时候，他会教大家一个关于"深度契合"的技巧，也就是说，在我们需要的时候，可以配合，也可以不配合，最重要的是什么呢？一开始，是身体的配合，配合完后要做件什么事情呢，首先你看到跟对方完全一致，你就完全放松下来，你发现当你完全放松的时候，对方也就放松了。深度契合一开始是完全配合的，当完成契合后，我们完全放松的时候，对方就会怎么样？自动放松下来，然后你说话就管用了。这是一种高级的催眠技巧，一种深度的身心控制。

好了，开始练习吧。去找一个人来练习，去配合他/她，去模仿他/她，模仿完之后，你就随便和他/她聊天，过程中悄悄地让自己的肌肉放松，你感受到了吗？能明白吗？先开始随意聊天，聊天的时候怎么样？你完全跟他配合，慢慢地身心一致，姿势、动作、语调、呼吸等完全一致，达到深度契合后，你再慢慢让自己放松，你感觉到对方的变化了吗？

记住这个练习很重要，我希望你能拿到最大的成果。知道吗？这篇"练习身心一致"，真的特别棒，我们训练自己的身心一致和身心不一致。在需要的时候一致，在不需要的时候不一致，这是一件很棒的事。和一个人沟通，或许他是你的下属，或是你的学生，这个人上来很紧张，可是你要学会深度契合后放松，偷偷把这一切完成。销售也是一样，跟别人在一起，有抗拒，你要在这个过程中，模仿他，最后把你的肌肉放松，这就完成了解除抗拒。

这里回答一些经常会让学员困惑的问题：

（1）是在谈的过程中使用吗？

答：是的，在谈话的过程中先模仿后放松，然后继续再谈，你就发现谈话的氛围不知不觉就改变了。

（2）是一开始就放松吗？

答：一开始配合他，中间慢慢地感觉到他能跟上你的节奏时，你就可以放松自己的身体，首先从放松肌肉开始，这叫非语言的诱导。

（3）我模仿的过程，我发现有点儿紧张。

答：是的，在潜意识中，头脑根本不知道怎么回事，所以会有存在紧张，慢下来，当我们的身心静下来的时候，我们慢慢地感受到这份感觉的存在。

（4）我不清楚对不对，觉得这么坐着，好像没反应。

答：你太"端着"了，"端"的感觉本来就是紧张的感觉，是防备的感觉，所以你就知道为什么别人跟你在一起时不能放松，因为我们总"端着"。

记住一个关键，整个过程一定要安下心来，去寻找到协调感。一旦找到这个感觉，你在工作中，和别人的沟通中，你就会无往不利了。明白我在说什么？它是个内在的感觉，你一旦发现这种协调感，太棒了，你会发现别人很容易接收你的信息！是的，任何两个人在一起都有紧张，或者没那么放松的状态，可是你学会开始通过跟随，然后放松自己的身体，就会把别人带到放松的状态，一旦把别人带到放松的状态，沟通就无往不利了。

当我们找到这种随时可以和对方在一起，随时让自己放松下来，随时能带动别人也放松的感觉时，一切沟通已经在语言之外完成了。

当然这是身体的语言，当我们说到语言的时候，不再是传统意义上的文字或语音表达。身体语言也是语言的重要构成部分，你开始不断地模仿对方，语音、语调、姿势、呼吸保持一致，然后开始通过放松自己身体的感觉，带动对方的呼吸。前提是前面模仿要做得好，一定要找到感觉。学会这个方法后，你要随时随地去和身边每一个人做这种练习，当你做得足够好时，你会感受到这种协调感。

在曾老师的经典班里，有个"情绪跟随"，也就是说，双方沟通，做"深度契合"时，先跟随情绪，慢慢就可以放低自己的声调，加深自己的呼吸。记住，和谐不够，是因为跟随不够。

任何人试图靠脑袋学习《出神入化的万能语言》都会相当艰难。记得在 NLP 课堂里，我们的第一个忠告是什么？带着你的身体来学习！你会发现你用身体学习比用脑袋学习深得多、有效得多。这就是你把中学教的数理化忘记得差不多的原因，而学过的骑车、游泳，即使再过十年，你都会运用自如，这就是头脑记忆与身体记忆的差距！

在进行"情绪跟随"的时候，一旦契合完成，就要尝试让自己的呼吸变得绵长，要有一个循序渐进的过程。在对方不知情的情况下，我多吸一口气，对方也会多吸一口气。不用看着对方，我们停顿，对方也停顿，我吐气，对方也跟着绵长的吐气，我们没用嘴说话，两个人之间沟通就这样完成了。

记住，学会了"深度契合"，练习"情绪跟随"也不是那么难，第一步是调整身心一致，第二步是用自己的呼吸带动对方的呼吸更加绵长。

假如我是业务员，你是客户，你的身体跟我契合，你的呼吸跟我契合，基本上意味着，你的潜意识和我的潜意识已达成默契，因此成交就会变得很简单。在任何语言沟通中，这是必备的基本功。做导师也好，谈生意也好，做管理也好，你要注重觉察这种契合，不能在言谈中忘记了对自己的觉察。当我们失去对自己的觉察，还能对对方有很好的觉察吗？一切的智慧从觉察开始，你要引导别人，首先通过非语言的引导，然后再加上语言的魔力，才能达到最佳的效果，现在是不是觉得做一个语言大师是件很不容易的事呢？

三、眼睛催眠

现在有意识地觉察自己的身体，让自己身体放松一点儿，再继续阅读，我准备教你一个秘密，也是最基本、最厉害的秘密：用眼睛催眠！

当我们看着一个人的时候，我们可以让眼睛的瞳孔放大，也可以让它越来越小，我可以很轻松地做到，放大缩小，缩小放大，当我们前面的铺垫工作做完后，你只需要控制你的瞳孔，然后别人就安静了，别人就进入了。用你最独特的心灵武器，用眼睛催眠对方。

那怎么放大法？这是最重要的，也是自我训练的一个过程，NLP 不教理论，你需要靠身体不断熟练这个过程，去找到那种感觉，这也是我们一次次鼓励你来到 NLP 经典班现场的原因。

瞳孔怎么放大？就是看着对方的时候，眼睛慢慢虚幻了，然后让眼光越拉越近，假如我看着一个点，然后会把那个点越拉越近，你可以清晰地看到它的映象，你试一下，自己能感觉到吗？

瞳孔怎么缩小呢？就是拉长，看着一个物体慢慢地变长，其实这跟摄像头的镜头调焦原理是一样。所以，我们看到，当曾老师坐在那里，每当做个案的时候，会要求学员深呼吸，你就会发现，一切已经开始了。

所以用眼睛催眠不是假的，是真的。看着对方，焦距拉短变长，很有意思，对吗？基本上，在训练的过程中，你的眼睛看什么都会对你有很大帮助。拿着一个东西，看着它慢慢拉长，这个过程就是瞳孔缩小的过程。当我们看着别人，瞳孔怎么放大？就像我要努力看近一点儿，瞳孔就慢慢放大了。

有人说上过曾老师的课后，不知道学会了什么，但是生活越来越美好。据说还有人学了 NLP 经典班后，生意忙得不得了。所以 NLP 课程是一门轻松、快乐、成功的学问。

春天来了，草木自然生长，花儿各自开放。这样你发现你的生命是平和的、喜悦的、丰盛的，是健康的心态、富足的心态，因为你的内在是圆满的，这样生命就少了很多恐惧。如果你带着恐惧去做事，你的内心就有一个窟窿在那里，多少东西也填不满这一窟窿。倘使你有一亿元钱，也填不满恐惧的窟窿。很多人以为有一百万元钱的时候，他会很开心，结果他发现，有了一百万元还是不行，到了一千万元，照样还不够花。"明天公司倒闭了怎么办，竞争对手搞我怎么办？"

那就去挣更多吧，挣一个亿、十个亿，你猜那个窟窿会填满吗？对的，根本无法满足，原因在哪里？原因在你内心的那个窟窿没填满，记住：有钱和富足完全是两个概念。

四、神奇的 VAK

VAK 是视觉、听觉、感觉（Visual–Auditory–Kinesthetic）三个英文单词的首字母缩写。

40 年前心理学家理查德·班德勒和约翰·葛瑞德在研究大脑和语言过程中发现每个人都有自己的感知模式，而且他们所使用的语言也反映了他们的大脑是如何处理信息的。

每个人都有五种感觉：视觉、听觉、触觉、味觉和嗅觉，我们是靠这五种感觉来处理问题。比如我们去想一个过去的事情，一定有画面，有声音，有感觉，对吗？我们就是靠这些来处理问题，处理信念，处理人际关系，当我们可以掌握这些，沟通就会变得很棒。我们都知道，在这个世界上没有两个人是完全一样的。既然人和人是不同的，那么我们要做的就是根据不同的人用不同的方式和他沟通，那首先我们先来看看 VAK 三种类型的详细说明吧。

1. 视觉型（V）

视觉型的人更喜欢用图像来思考。在谈话过程中，他们可能会说"我清楚你的意思了"或者"这个说法让人眼前一亮"等。

呼吸：较快而浅，用胸的上半部呼吸。

动作：头多向上扬，手的动作多，多在胸部以上，坐不定，多小动作，行动快捷，能够同时兼顾数件事。

声音：说话声大、响亮、快速、简短，开门见山，两三句便结束，不耐烦冗长说话。

喜好：喜欢事物多变化、多线条、节奏快，喜欢颜色鲜明，线条活泼，外表美丽的人或事物。

视觉型常出现的句子：

· 你看有希望吗？
· 你怎样看这件事情？
· 回头我们一起去瞧一瞧吧。
· 这个展览会搞得七彩缤纷，目不暇接。
· 那个小赵真是明艳秀丽。

视觉型的常用词：

显示 凝望 预演 澄清 出现 光明 黑暗 幻影 观点 梦幻 注视 形象 观察 旁观 认清 表现 表演 目光 目标 视线 闪烁 反映 监视 展览 短视 明艳 颜色 款式 灿烂 看来 悦目 速度 视野 目的地 完全空白 鲜艳夺目 貌美如花

2.听觉型（A）

听觉型的人则更喜欢用声音的方式来思考。他们可能会用表示声音的词来传达自己的思想，比如说"听起来的确如此""我听明白你的意思了"等。

呼吸：呼吸平稳。

动作：头时常侧倾，常出现的手势是手按嘴或托耳下，手或脚常打拍子。

声音：爱说话，而且往往滔滔不绝，内容详尽，说话声音悦耳，有高低，有快慢，喜欢找聆听者。

喜好：喜欢事物有节奏感，重视环境的宁静，难以忍受噪音，做事按部就班，注重程序、步骤。

听觉型常出现的句子：
· 让我们谈一谈这件事，怎么样？
· 事情的细节你都研究过了吧。
· 前面还会有很多反对的声音呢。
· 到会的人都铿锵敢言，内容都是掷地有声啊。
· 她说话婉转悦耳。

听觉型的常见用词：

复述 旋律 连续 聆听 响亮 悦耳 告诉 谈谈 谈话 听懂 语调 意见 讨论 表达 走调 歌曲 刺耳 宣布 沟通 传话 咆哮 含糊 无声 大叫 音乐 韵律 垂询 宁静 闲话 呼喊 耳边风 无话可说 不堪入耳 守口如瓶 如雷贯耳

3. 感觉型（K）

感觉型的人更在乎触觉和感觉。从字面上可以看出来，他们总是喜欢"感觉不错"，或者"感受"到某个想法。他们喜欢身体接触，所以在跟这种人交流时，偶尔的接触会比单纯的目光注视更有效果。

呼吸：用胸的下半部及腹部呼吸，缓慢、深沉。

动作：头常向下做思考状，行动稳重，手势缓慢，多在胸部以下，可长时间静坐。

声音：说话声音低沉而缓慢，使人有深思熟虑的感觉，说话多提及感受、经验，往往不能说完一句完整的句子。

喜好：注重人与人之间的关系，感受情感，不在乎好看或好听，而重视意义和感觉。

感觉型常出现的句子：
· 你感觉这件事有把握吗？
· 对事情的安排，你感到安心吗？
· 前面充满艰辛和挑战。
· 主办方用心用力，来宾都感到称心如意。
· 她细心温柔。

感觉型的常见用语或词组：
本能 压力 感觉 感受 把握 压迫 兴奋 合适 坚固 安全 危险 粗糙 冲击 激动 刺激 掌握 口福 匆忙 麻烦 敏感 情绪 动力 接触 紧张 温暖 打击 冷漠 难受 愤怒 顺利 自在 温馨 忧郁 舒服 开心 快乐 悲哀 幸福 狠心 沉重 不自在 趁热打铁 一点儿都不怕

这个世界上只有很少人会用嗅觉或味觉作为自己的主要感知途径，我们在此完全可以将其忽略。

VAK 举例：警察的调查提问

甲先生："我看到歹徒从正门进来，头上套着黑色的头套，穿一身黑衣服，脚上绑着一把匕首，手里还拿着一支手枪，走到二号台，他指着白色衣服的那个小姐让她举起手来！"

乙先生："警官先生，我只听到一声枪响，玻璃碎了，接着我听到一个女人的哭叫声。"

丙女士："当时太恐怖了，太可怕了，我一想起来就觉得非常害怕，真的不敢想，当时我只觉得一阵阵紧张，眼前眩晕，浑身发抖，后来就晕过去了。"

上面三个人，很清晰地表达了他们不同的 VAK 感知模式，甲先生是典型的视觉型人，乙先生是听觉型人，最后一位丙女士则是感觉型人。一定要记住，虽然每个人都会时不时地改换主要感知途径，但其中某种感觉始终会占据主导地位。

如果一个视觉型的人碰到一个听觉型的人，会发生什么？

甲："你看怎么样？"

乙："说实话，没怎么听懂！"

如果一个听觉型的人和一个感觉型的人在一起，会发生什么？

乙："我讲了半天你听懂了多少？"

丙："我感觉有点儿晕！"

如果两个人在感知模式上与对方不配对，那就会在交流时产生很多误解，甚至会因为"驴唇不对马嘴"而形成敌意。倘若两个人的沟通一直不能处在一个频道上，再华丽的语言也无法形成共鸣，所以理解 VAK 感知模式是非常重要的，它可以帮助我们更好地与对方进行沟通，更好地运用对方的话语模式，不仅有助于与对方形成共鸣，还能帮助我们更好地表达观点。

简单来说，视觉型的人可能更希望你用"我清楚你的意思了"这样的字眼，听觉型的人则更希望你说"我听明白你的意思了"这样的语句。这反映的是两种截然不同的感知模式，运用的是截然不同的语言。

在销售或做演示过程中，运用 VAK 尤其重要。

视觉型的人喜欢尽可能多地使用产品图片，他们会觉得产品图片不仅能表达自己所说的话，甚至比产品本身还重要。

听觉型的人则更愿意听到你说什么，以及怎么说。他们会更注重从你的谈话内容和谈话方式中寻找线索。比如说，你是否有足够的自信，是否有足够的权威感，或者你的声音里是否流露出某种不确定、恐惧，甚至是欺骗。

感觉型的人则更喜欢触摸产品，或者拿着宣传册之类的东西，千万不要让他们把手里的宣传册递给你。如果你需要特别指出宣传册上的某个东西，建议你亲自去取一份拿在手上，然后告诉大家翻到某一页。

所以，学会VAK感知模式，可以让我们的语言沟通变得出神入化，无往不利。

中篇

你需要购买这个产品，因为你是如此渴望健康！

你需要购买这个产品，你非常渴望健康！

如果你再细心点儿工作就更好了，因为就差一点点；

如果你再细心点儿工作就更好了，就差一点点；

比较上述两组句子带给你的感觉，发现什么不同了吗？据调查，当我们使用某些特定词汇时，沟通达成的效果会提高几倍，因为那些都是具有"魔力"的语言和词语。

在我们讲语言结构之前，我们需要学习"汉堡式沟通"，对于一个人，要纠正他行为的时候，建议用"汉堡式沟通"。

第一层是赞美，第二层是要修正的地方，第三层是再一次赞美，我们称之为"汉堡式沟通"。在批评人之前，先找两个优点，然后你发现别人不知不觉地就接受了你的建议，这是一件很棒的事情。

NLP 有两大语言模式，即检定语言模式与模糊语言模式。它们是两个相反的语言模式，在本篇，我们把它们逐一介绍，把它们的每一个语式都列举出来，进行对照。

一个侦察兵、一个军火商和一个作家在一次度假中相遇，很巧的是他们一起遭遇到了某恐怖组织绑架。

当蒙着眼睛的他们被拿开眼罩时，侦察兵嗅到了咸咸的湿润海风的味道，第一眼就看到恐怖组织 57 名成员，其中有 20 个全副武装，1 部卫星电话。他开始想：

"难道我的身份暴露了？但为什么没有人来和我谈话呢？所以这应该是一次勒索赎金的恐怖活动。"

军火商睁开眼睛，看出眼前的"恐怖哥"拿的是瑞士军刀仿制品，有几个拿着某国已经淘汰的制式装备，明显有市场需求。他想："是不是对方知道我的身份，所以想'买'些武器？但为什么没有人来和我谈话呢？我得想办法见到他们头目，看看有没有合作性。"

作家感觉绳子把自己勒得很紧，在眼罩拿下的瞬间，他看到了一双充满沧桑和冷漠的眼睛，他想："这个人经历了多少故事，如果我能写下来那是多么棒的事情。"看到不远处有几个孩子，他判定这是个很"穷"的地方，真不知道他们遭到了什么样的不幸，才会铤而走险绑架了自己。

看到没有，我们每个人的语言和想法，都始于内心深层的固有信念，再经过删减、扭曲、归纳并不断运用，从而形成自己的思维定式和文字。比如，一个女人说："所有的男人都不是好东西。"也许她是遇到几个让她失望的男人，伤心失望之下，让她得出一个结论："所有的男人都不是好东西。"这就是语言结构中的"以偏盖全"，我们的语言里总是充满这样的语式。

一、检定语言

检定语言是理查德·班德勒和约翰·格林德在 1975 年发展完成的一套语言技巧，是一套发问技巧，它教我们如何用语言去澄清语言，使我们有驾驭语言的能力，而不被语言所困惑，不要以为语言就代表真实，而要去挑战语言的不足，去探索说话中的逻辑。通过检定语言，可以使对话者重新组织他的内心世界，从而在思想、心态、行为上有所改变。

人的思维模式有三个重要的特征：删减、扭曲、归纳。

人在沟通的时候最大的问题在于：当我们得到一个信息后，大脑会自动把它删减掉，然后再扭曲一番，最后归纳出一套对生命并没有帮助的限制性结论。

现在你开始明白，人的问题和痛苦来自哪里了吧？

检定语言就是觉察出说话者语句中三种语言模式的出现，然后运用询问检定技巧把删减的部分补齐，把扭曲的地方还原，把限制性结论打破。从而把导致双方对话困扰的深层思维呈现出来。例如："我的人生就这样了"，"这个世界好黑暗"，"男人都不是好东西"。

我们的人生总是把得到的信息删减、扭曲、归纳！

当遇到别人这么说的时候，怎么办？检定语言模式就是一套很有效的应对方法，学会了检定语言，我们就会很快觉察对方说话的问题在哪里了。

1. 删减类语言

删减类语言，我们的大脑经常会把深层结构中的大部分内容删除掉。每一秒钟，我们的大脑就会接收到大约 200 万项资料，它必须把绝大部分的资料删除。同样，一件事情储存在大脑里有极多的细节，我们在说话时，只能提取大脑中极少部分的资料，我们总是想用最简单的字去表达内心的意思，所以"删减"存在于每一句话语中。

删减类语言通常分为四类：名词不明确式，动词不明确式，简单删减和比较删减。当我们听到一句话主谓宾不明确，或者没有就是删减了。

怎么检定删减类语言啊？很简单，主谓宾不明确的补齐，不明白的搞明白。

（1）**名词不明确式**：句子中的主语、宾语及身份词不够明确。

主语不明确：

例：他们都想我死。

检定：谁想你死？他们是谁？

例：谁都会这么想的啦。

检定：你说的"谁"指什么人？

例：这生意没得做。

检定：你指的是什么生意？

宾语不明确：

例：不要吃太多水果。

检定：你指的是哪些水果？

例：快点儿找个人来。

检定：快点儿找个什么样的人来？

例：找份工作吧。

检定：找份怎样的工作？

身份词不明确：

例：他是一个庸人。

检定：你说的"庸人"是什么意思？

例：他是和平使者。

检定：你有些什么证据可以显出他是"和平使者"的身份？

例：他是一个胜利者。

检定：什么使他成为一个"胜利者"？

仔细想想，我们日常生活中的说话是不是经常疏忽、遗漏主语、宾语，导致描述事实或对话过程中总是无法把要表达的意思说明白，令对方产生误解。

（2）**动词不明确式**：一个句子中的动词或副词所描述的行为不够清晰，从而引起不同的理解。

中国人的生活词汇中充满不清晰的动词和副词，以下是一些特别流行的词汇：摆平、调动、抹黑、强出头、见不得光、很帅、搞定……

动词不明确：

例：他伤害了我的自尊心。

检定：他怎样伤害了你的自尊心？

例：这件事很难处理。

检定：这件事哪个地方难处理了？

例：他们应该交代一下。

检定：他们应该交代什么呢？

副词不明确：

例：他很自私。

检定：他怎样做使你觉得他很自私？

例：他不够积极。

检定：他怎样不够积极呢？

例：这件衣服难看死了。

检定：这件衣服什么地方难看死呢？

日常生活中很多习以为常的动词其实含义很虚泛，例如：伤害、处理、关心、照顾、交代，往往因为人与人之间对同一个动词的理解不同而引起误会，下次知道应该怎样避免了吗？

（3）简单删减：句子的意思不完全，有一部分被删去了，找出删减的部分，往往也就是解决的途径。

例：我不明白！

检定：你什么不明白？

例：我很不甘心！

检定：你不甘心什么？

例：我怕！

检定：你怕什么？

例：他对我不好！

检定：他什么事对你不好？

当我们检定别人话的时候，首先要检定主体，搞明白对方是谁？

例：他们总是让我输球。

检定：他们是谁？

例：糟透了。

检定：什么糟透了？

例：太棒了！

检定：什么才叫棒啊？

这些都是典型的简单删减。发现没有，检定时，一定把主体搞清楚，把主语搞清楚，然后再问对方是什么意思。

（4）**比较删减**：句子的意思明显地指出有一个衡量的标准，但说话者没有把这个标准说出来。

常见的字有好、坏、多、少、差，和由它们组成的比较词，如"更好""最好""更差""最差"等。

例：我表现得很差。

检定：和什么比较表现很差？

例：不做更好！

检定：不做什么东西更好？和什么比？

比较删减是催眠中常用的"我表现很差，不去做更好"。这里暗含了比较，但是没有把比较的标准说出来。

例：我表现得很差，

检定：与什么比较？

例：不去做更好！

检定：与什么比较不去做更好？

下面，做个总结，找出生活中删减式的例子。

"你太自私了。"谓语不清楚，自私是什么意思？和什么比较太自私？

"他们根本不关心我。"这是什么？主语不明确，他们指谁？谓语不明确，什么是关心你？

"没有人想得到。"宾语不明确，想得到什么？

"我受的教育不多。"教育，是社会教育还是学校教育？

"那太不像话了。"主语不明确，那是什么？和什么比较？

"我很后悔。"这个是简单删减，后悔什么？

"他越来越差了。"比较删减，他什么方面越来越差了？他和什么比较越来越差了？

"没煮熟的东西很难吃。"东西是指什么？很难吃和什么比较？

"他不应该用这种态度。"这种态度指的是什么？

"他还不算专业。"他和什么比较不算专业呢！

"没事便不来找我。"主语没有了，谁没事？

大多数的删减类语句，通常包括简单删减和比较删减，你会发现学完《出神入化的万能语言》后，你不敢乱说话了。

最后，我们看一下曾老师是如何运用检定语言在课堂上做个案的。这里去掉了回应术，只用检定语言去处理问题。

老师：谁有烦恼啊？

学员：我觉得我自己进不了任何状态，老是想睡觉。

老师：状态是什么意思？

学员：睡眠也不行，总是恍恍惚惚。

老师：恍恍惚惚是什么意思？

学员：做任何事的时候，与环境和事相结合，做什么都没感觉，说话也没感觉，听的话也没感觉。

老师：没感觉和状态有什么关系？

学员：就是麻木。

（发现没有，她说不清楚她的问题，老师换个角度再来一遍。）

老师：你真正的困扰是什么？

学员：心不在肝上的感觉，真是这种感觉。

（她用了一个比喻，但实际上心本来就不在肝上啊。那"心不在肝上"是什么意思？别试着去解决问题，而要不断地发问。）

老师：心指的是什么？肝又指的是什么？

学员：就是任何环境融不进去。

老师：融不进去是什么意思？对你来说怎么叫融得进去，融进什么里面去。

学员：如果我在学习就要学到。

老师：学到什么？怎么才算学到，怎么才叫没学到。

学员：老师，你每说一句话，我去重复这句话都很困难。

老师：很困难就没学到吗？对你来说，有没有这种情况，不能重复也能学到的，有没有？

学员：有啊，原先就没问题，这几天不行。

老师：这几天是什么时候？

学员：从昨天开始。

老师：从昨天开始而已，你看，从这几天变成从昨天开始，这就很棒。那融进去是什么意思？

学员：吃饭就是吃饭，喝水就喝水，但是我做的时候，体会不到这个过程，然后整个过程一点儿印象都没有。

老师：一点儿印象都没有吗？这是真的吗？有没有一点点可以回忆起来的。

学员：很困难。

老师：很困难？就是说你做得到，但是要付出一点儿代价，是吗？

学员：是的。

老师：也就是说，你已经开始有点儿感觉了，是吗？

学员：是的。

老师：好了，那你现在还有困扰吗？

学员：没有了。

其实我们会发现学员现在说的和刚开始说的已经有了漂移的感觉，记住，当一个人说话无厘头的时候，用这种方式问他/她，不断地问他/她。

学习检定语言的三个阶段：

第一个阶段："铁嘴钢牙"，见到什么就检定什么，结果自己的亲和力大打折扣。

第二个阶段："闭门不语"，就是不敢说话了，因为发现自己的语言到处都是漏洞，所以说检定语言是一门艺术，可以极大地提高思维的逻辑性。

第三个阶段：基本恢复正常了，别人说一句话，你会自然地去应对，而不用去管什么分类，人生本来就不必事事都去分析。

我记得我在学习语言魔力的时候，问罗伯特·迪尔茨，我说："当别人说话的时候，我听着听着就晕掉了，不知道什么时候应该用哪一招？"罗伯特·迪尔茨说："只要你好好练，晕就晕了吧。当你有一天，真的晕掉的时候，别人一说话，你的大脑自动就会知道用哪一招了，不需要去思考，明白吗？"放下担心，打开我们的心灵，多吸收书上的信息，加上平常多练习，就可以了。时间长了，当我们一开口就让它自然流淌吧。

检定语言就是帮助我们发现对方话语中的问题，并通过询问技巧去打破一些自设的局限性思想。当一个人对情况不满意的时候，一个恰当的问题能够把他的思想状态带到一个完全不同的方向，发现过去忽略的意义和方法，从而改变他以后的行为和成就。

学会检定语言，感觉好还不是好？

把检定语言模式运用在自己身上，会大大增强自己清晰的思考能力，所以它既能帮助别人又能利己，有些视觉型和感觉型的人或许会觉得检定语言比较难掌握，的确，听觉型的人或许最快学会这个技巧，但是在整个《出神入化的万能语言》中，我们不强调大家去死记硬背某些语言结构，还是多运用，多练习，熟能生巧嘛！

2. 扭曲类语言

我们人类的大脑，总会把储存在大脑深处的资料简化后有效表达，而在简化的过程中，很多资料就会被扭曲了。换句话说，我们对一件事情的认知过程中，必然有扭曲的情况出现，例如一个人看到树影中的绳子，就会喊："有蛇！"还有被绑架的军火商，第一反应就是他们是不是为了我的军火来的。我们的这份扭曲能力使我们能够享受音乐、美术和文艺，我们也能够看着天上的云朵而幻想出动物和人物，这就是在做"扭曲"的工作。在这个过程中信息在不同的人眼里就有不同的结果，并偏离了事实，想想是不是呢？

扭曲类语言分5种：猜臆式、因果式、相等式、假设式、虚泛词式。

（1）**猜臆式**：说话者以为知道另一个人的内心看法或感受，而其实这只是他自己的主观猜臆。猜臆式很容易辨认，关键是一个人的语言包含另外一个人的想法。

例：

他一定不喜欢你送的礼物！

他不会同意这份意见！

对这种方式通常怎么检定？

检定方式：你是怎么知道的？何以见得？

例：

男士对女士说："你这件衣服很难看！"这是男士的主观判断。如果他说："你一定后悔买了这件衣服！"这便是猜臆式，因为男士不能决定女士是否后悔，这完全只有那位女士才可以决定。

例：

他不喜欢你送的礼物！

你想追求我吗？

我知道你很惊奇！

我知道你会越来越放松！

我知道他很不开心！

检定：你是怎么知道的？是什么让你有这种感觉？

（2）**因果式**：因果式涉及"责任"上的问题，说话者认为一件事的出现导致另外一件事情的产生。

"因"是本人不能操控的事物，"果"是本人不愿意有的情况或无力状态。其实二者之间可能绝无关系，或者第二件事情根本不会发生。因果式往往使用这些文字而显露出来：因为、所以、故此、因此、故而等。

例：

我迟到都是因为你！

因为这种天气，我无心工作！

因为没有迁就他，他就不快乐啊！

他没有来，所以你这次赢定了！

没有他的帮助，我怎会成功？

说白了，一句话里面，好像有两个元素，好像一个元素是另外一个元素的原因，因为 A 所以 B，凡此种种，均为因果式。

对这种方式通常怎么检定？

检定方式：是什么让你这么认为？

A 等于 B，通常一个是行为，另一个是意义。

"你不喝酒就是不给我面子"，喝酒是行为，面子是一种意义。

"你迟到了就是不尊重我"，迟到是一种行为，不尊重我是意义。

我们往往把这两个等同在一起，就会造成很多困扰，当我们用检定语言去质疑这两者之间的关系，就可以发现两者之间根本没有关系。

下面需要重点讲述一下迪卡尔坐标，这个专门用在"因为……所以……"句式中非常管用。

例：

我因为文凭不高，所以不会成功。

这显然是个限制性信念，是典型的因果式语言，怎么办？

质疑它，最好的质疑方式是什么？用笛卡尔坐标即可。

有没有人学历不高，也不成功？有！

有没有人学历不高，也不是不成功？有！

有没有人不是学历不高，也不成功？有！

有没有人不是学历不高，也不是不成功？有！

那学历和成功有什么关系？

通过这样的质疑，轻松化解对方的限制性信念，又不会激发矛盾，帮助对方重新组织内在的信念系统，通过笛卡尔坐标回应对方。

笛卡尔坐标

A B	A -B
-A B	-A -B

在曾亮老师的课上，有两类情况的因果式会在说话中出现：

① 觉得自己无力处理自己人生中的事情，常受别人和环境的因素所控制。

例：这种天气使我无心工作。

② 觉得自己应该为别人的情绪负责，以为自己可以控制别人的人生。

例：

我常常让他失望。

这就是"互相依靠"类的人，他们通常因为自己的人生界限意识不够清晰，往往要别人做自己的情绪保姆。这就是好"互相依靠"类的人，他们对这种人的固有信念，找到一个例外就可以化解了，迪卡尔坐标就是找到例外，质疑两部分关系的有利武器。

再举个例子：

"因为工作累，所以工作完不成。"

A 是"工作累"   B 是"工作完不成"。

有没有一种情况下，他是工作累，所以工作完不成的？

有没有一种情况下，他是工作累，同时工作也不是完不成的？

有没有一种情况下，他也不是累，他的工作也没有完成的？

有没有一种情况下，他也不是累，工作也不是完不成的？

那工作累和工作是否完成有什么关系？

我们身边有没有这种人，经常把累和工作没完成扯在一起呢？关键是当我们把工作累和完不成工作扯在一起时，那才是最大的问题。当有人拿这个因果关系来忽悠你的时候，把他的因果关系给拆掉，拿客观原因来说事，如果你去质疑，他也许还会继续找其他客观原因，直到我们找到真正的原因在哪里。

记住，有时候我们沟通不要那么较真，笛卡尔坐标是个很棒的语言模式，要练熟它。

有人说："我年轻所以我做不了好导师。"这明显是个限制性信念。

那我们怎么说？
你认识的所有人当中，有没有他年轻，他做不了好导师；
你认识的所有人当中，有没有他年轻，他也不是做不了好导师；
你认识的所有人当中，有没有他也不是年轻，他做不了好导师；
你认识的所有人当中，有没有他也不是年轻，他也不是做不了好导师。
那年轻和做好导师之间有什么关系呢？

或许有人会问，为什么要这么繁琐的用"不是"、"有没有"连问四句呢，我可以直接告诉他："有人很年轻，也有做个好导师的呀！"虽然你这样一句话就把理给捅破了，可是你会发现你这样说话，他的头脑会立刻去思考和判断，同时他的潜意识并不一定会接受你的建议。所以，我们一定要把对方搞晕，通过笛卡尔坐标的连续质疑的四句话的过程中，通过"不是""有没有"，其实是让对方思维重新搭建的过程。所以，使用笛卡尔坐标，一定要按照老师教的 AB，A–B，–AB，–A–B 的方式去说，而不要直截了当地改变语言结构，因为当你改变结构时，你说的语言，对方的内在是接收不到的，更没有影响，这也就是有时候讲道理没有用的原因，因为对方内在思维架构根本没有改变，笛卡尔坐标的语言魔力在于帮助对方逐步改变内在思维架构。

（3）**相等式**：也是两个部分，只不过两部分是相等的关系，也就是指句子中有两个意思，说话者认为它们是相等的，把两个含义合在一起，往往其中一个意思是可见的行为，而另一个意思则是不可见的感觉或意义。

相等式往往有这些字出现：就是、即是、是……就，或者干脆不用连接词。

如何检定呢？质疑两者关系，找出例外。

检定方式：对方这样，有没有其他原因呢？／我这样，有没有其他原因呢？

"你今天没有给我电话，一定是你不再爱我了！"

其实也可以用迪卡尔坐标质疑两者之间的关系。

举例：不喝酒就是不尊重我！
有没有人不喝酒，不尊重你？
有没有人不喝酒，也不是不尊重你？
有没有人不是不喝酒，也不尊重你？
有没有人不是不喝酒，也不是不尊重你？
那喝酒和是否尊重你有什么关系呢？

当然，笛卡尔坐标还有很多用法。当一个人做两难的选择时怎么用？他犹豫不决，是选择 A 呢，还是选择 B 呢？

你就问他：

选择 A 会发生什么？选择 A 不会发生什么？

选择 B 会发生什么？选择 B 不会发生什么？

比如说：我要离婚还是不离婚啊？

离婚会发生什么？离婚不会发生什么？

不离婚会发生什么？不离婚不会发生什么？

把这个搞清楚，我们的抉择就清晰了。

比如说：我是出国还是留在国内呢？

出国会发生什么，出国不会发生什么？

不出国会发生什么，不出国不会发生什么？

把这些思维方式搞清楚，你就可以做出一个无悔的选择了，你可以在生活中帮别人、帮自己解决很多问题。语言是不是非常有意思呢？所以学完这本《出神入化的万能语言》，了解人类语言的思维模式，你可以解决很多自我设定的困扰，特别是处理那些限制性信念。

如果你将来要做一名导师，一定要时时刻刻觉察到，对方在说话的时候流露出什么样的限制性信念、限制性语言，并且把它检定出来，这是我们要做的重要工作之一！包括："我很笨，所以我学不好语言"！那你首先就需要明白假设已经错了，如果你不明白这个，你用什么语言技巧都没有办法去回应，都解决不了问题的。

当我们问对方："你笨这是真的吗？你笨还能有这么多栋房子？你笨还能开宝马？如果能笨到这样，我觉得也真好！我真的喜欢像你那样笨。"对方就接收到你想表达的真正含义了。所以要从对方的话里面，直接听到假设已经错了，那就直接处理对方这个假设，其他的就没什么了。做导师不容易哦，别人每一句话里面都透露出不恰当的东西，对他的人生没有帮助的东西，你要听到而且帮着处理好，所以检定语言是非常重要的工具。

（4）**假设式**：就是说一个句子的成立决定于另外一个没有说出来的假设的基础上，假设式说话透露出一个人的信念（关于人生、世界、自己、别人），所以聆听假设式的说话会让我们知道说话者的人生观。

怎么样检定假设式的语言模式？把信念找出来，把假设找出来，然后质疑他假设存在的合理性和真实性。

例：
你比你哥还笨。
这句话里的假设是：你哥笨，你笨，你比你哥还笨。
检定方式：是谁说的？
检定方式：何以见得？
检定方式：你是如何知道的？

例：
你为什么不好好照顾我？
假设为：没照顾我，你应该好好照顾我。所以这句话的成立建立在两个假设的基础上，可是我们要做的是什么？找出它，质疑它存在的真实性和合理性。
"凭什么我应该好好照顾你？
"我做了什么让你觉得没好好照顾你？"

很多时候，我们的语言，我们的自我限制，都建立在这个基础上。如果你不去觉察出来那个假设，是很难办的。

比如说："不要让孩子输在起跑线上。"

这里有一个巨大的假设，这个假设是什么？

人生是一场比赛，是一场你输我赢的比赛，是这样吗？而且还是一场短跑，可是人生真的是这样吗？这个假设不拿掉，是很难办的，人生至少不是一场比赛。我们说什么？春天来了，花朵各自开放，草木自然生长。你看春天里，没有哪朵花是被忽视的，因为它也不在乎你的忽视，因为它只管自己开得最棒就好了。我们说每个人被上天赋予了恰如其分的天赋，我们人生的任务不是拥有什么东西，而是让这份天赋恰如其分地展现。

人生是不是这样？所以我们说扫大街也像艺术一样，你的人生并没有什么输赢。人生不是一场你死我活的比赛，不是的，春天来了，花朵各自开放，你不能说小的花朵就没大的花朵美。那只是你的标准而已，对它来说不是，我就把自己开得最棒，那就是我。

现在，你会明白如果有人使用这种假设式的话你该怎么办？告诉对方：是什么使他认为对方应该好好照顾他呢？是什么使他认为对方没有好好照顾他呢？这是不是在质疑假设的合理性和真实性？

"请挑选你喜欢的款式。"这样的假设是有你喜欢的款式。质疑方式：你怎么知道有我喜欢的款？你怎么知道我喜欢什么款呢？

"快来看，快来看，这里是全国最便宜的。"你怎么知道我喜欢便宜的东西呢？有很多假设在里面。有没有东西贵也不好，有没有东西不是贵也不是不好，所以贵和好有什么关系？当你学会这个这种检定语言模式后，你随时可以化解对你有负面影响的东西，好玩吧？

我们没有学习之前，与别人对话的时候，总是习惯性的去反驳对方的话。现在学会《出神入化的万能语言》之后不需要反驳，你只需要把假设找出来，后面那一大堆都没用了。如果假设他说笨，你只需要拆解笨这一条就可以了。是不是这样？

很多时候你要听出一句话背后的假设，去觉察对方的话里面是否暗含一个假设。建立在假设成立的基础上，如果假设不存在了，那话根本就不存在。

总而言之，质疑对方语句中的假设，把那个假设挖出来，然后质疑它存在的真实性和合理性。

要时刻提醒自己，要让你的话意味深长，让你的话低沉悠远，要让你的瞳孔放大，让你的呼吸绵长，然后你对别人说话的影响力就发挥作用了，特别是做导师的，给客户聊天都是这样，时刻对自己保持觉察。

（5）**虚泛词式**：说话者的句子中有一个名词，但这个名词代表的东西不能掌握在手中，亦无法掷入桶中而发出声音，这就是虚泛词，是满口大道理的人最常用的语言模式。虚泛词简单理解也就是一个名词，一万个人有一万个理解。

其实，虚泛词代表一些人生必须面对却难以定义的抽象事物，背后是说话者的一些局限性信念和价值观。虚泛词能融合众人对同一件事情不同的看法和期待。下面有一些常用的虚泛词让我们看到它在我们人生中占有的地位有多重要：自由、道德、教育、安全、尊重、人权、公平、纪律、爱情、情绪、智能、友谊、和谐、婚姻、沟通、管理、行为……

虚泛词事实上是把一个过程"虚泛化"，从而使它成为一个名词，因此政客和管理者都非常喜欢使用。

例：

我们缺乏沟通！

怎么样检定这样的虚泛词？询问他的意思，直到有动词出现。

检定方式：对你来说，沟通是什么意思？怎样才算沟通？

举例："对你来说，什么叫爱啊？"爱就是一个虚泛词，每个人都有不同的理解。"爱就是老婆每天晚上亲亲我。""亲亲我"就是动词，总而言之一定要有动词。"爱就是我们可以牵着手一起散散步，一起做饭，围着桌子一起吃一顿暖暖的火锅。"这里面有动词成动词词组"散步""吃火锅"，那我们就可以知道对方心中真正想要表达的爱是什么了。

对你来说，什么叫理解啊？什么叫沟通啊？沟通意味着什么呀？什么才叫作爱啊？爱就是理解和温暖，这里面有动词吗？理解和温暖又是虚泛词，让你更加无法理解爱是什么。对你来说，那什么又是理解和温暖，怎样做才会让你温暖呢？一直到话里出现动词为止。比如说："出门，总得拥抱下我吧！""我回到家，你总得倒杯水给我喝吧！这样才会感受到温暖。"哦，原来我们跟这个人相处，需要这么做才能让对方感受到爱。

对这虚泛词要怎么检定啊？询问对方的意思，直到有动词出现。

"老师"也是个虚泛词，什么叫老师呢？传授东西有人接受，以传道、授业、解惑为职业的人，我们称之为老师。你看这里面有动词。

好了，我们总结一下，往往一句话里很可能有好几种式，那怎么办？找出最主要的式，再去检定。

"你不用心读书就是不孝顺我。"这是相等式，怎么检定啊？
有没有人用心读书，但不孝顺的，有没有？
有没有人用心读书，但也不是不孝顺的，有没有？
有没有人也不是用心读书，但不孝顺的，有没有？
有没有人也不是用心读书，但也不是不孝顺的，有没有？
为什么说读书就是不孝顺呢，孝顺有没有其他的方式？

"我知道他不想参加颁奖礼。"这是什么？猜臆式，怎么检定啊？
你怎么知道的？

记住一点，要身心一致，保持足够的亲和力和对方沟通。

当你与对方沟通的时候，突然说："你怎么知道的？"这会让你们俩关系更远，除非是你的下属，要不然你这么说，没有好处。这里有一个语言技巧，就是用"我很好奇"。

"我很好奇，他参不参加只有他知道，你怎么知道的？"再一笑，他就没话说了，也不影响你俩的关系。

为什么这本书一上来就要讲深度亲和，讲非语言的引领，都是为了让沟通者说话的效果更好。所以当我们学会这些检定模式，并不一定会给我们带来好的结果，就好比我们拿着一把刀，看你怎么用。这刀是够快啊，用不好，还是会让别人受伤的。

"你不要这样过分。"这是什么？这个句子里面主要是假设式，其次"过分"是虚泛词，没有动词，所以不清楚对方所说的过分是什么意思？主要是假设式，假设我们做的事确实过分了。如何检定化解？我做了什么让你觉得过分，你指的过分是什么意思？

"你今天的成功全因为我。"这是因果式，同时"成功"有没有虚幻的成分？有，所以这也是虚泛词。现在的人认为有钱有权才是成功，其实成功真的是这样的吗？或许一万个人对成功会有一万个理解。你指的成功是什么？我的成功跟你究竟有什么关系呢？我很好奇，为什么就因为你才成功了？

"你比你哥哥还笨。"假设式，有哪些假设？你哥哥笨，你笨，你比你哥还笨。如何检定？凭什么说我笨了？我哥怎么笨了？这里需要注意，不能说："我怎么比我哥笨了？"我们俩笨不笨都不能确定，要说："你怎么知道我比我哥笨啊？"要用正确的词语检定它。

"沉默便是投降。"相等式，沉默有没有其他意思？沉默怎么就等于投降？沉默除了投降还有没有其他可能性了？

"我想他们不会参加比赛。"猜臆式，你怎么知道的？真是这样吗？

在我们的生活中，对人类影响最大的就是扭曲类，尤其是一些商业广告里，很多都是用假设式在扭曲事实，如果我们没有学过检定语言，难免就会信以为真。所以，一定要抽时间好好练习，当然，千万不要把这套方法对付你的老公或老婆，即使在练习的时候也要很温柔，很亲和地对待，这样不至于破坏两性关系，因为这还只是一点儿皮毛而已，语言的出神入化绝不是检定这么简单，别学了一套本事，伤害了自己，又伤害了对方，多么不划算啊！

3.归纳类语言

说话者以自己过去的经验去归纳，并认定所有类似情况都会如此。这使得说话者看不到事情有种种不同的可能性和机会，因而不能发展出解决或者突破的思想和行为，这种模式的说话表现出一份"绝对"的意思。

当新的知识进入我们大脑的时候，大脑会把它与我们头脑中原有的资料做出比较和归类，这种能力是我们能够在浩瀚的知识海洋中学得如此多和快的重要原因之一，也就是说我们会把人、事、物等各类信息进行不同的归纳和总结，并记录和定位它们在我们人生中的不同意义和地位，在我们需要的时候能够有效的运用。

归纳类分为3种：以偏概全、能力限制、价值判断。

（1）**以偏概全**：说话者以一个经验去认定所有类似情况都会同样如此，这使得说话者看不到事情有种种不同的可能性和机会，因而不能发展出解决或突破的思想和行为。简单来讲，就是以自己的经验、认知和体验，扩展到整个世界，或者扩展到整个人生。

以偏概全式常有以下的文字出现：所有、永远、永远没、每一个、没有一个、总是、从来、向来、经常、完全、绝对、时时、日日、常常等。

比如说某女人被男人骗过一次，然后就觉得吃了亏，就会说："男人没有一个好东西。"她把她被骗的一次经验扩展到整个人生或者是整个世界。"男人没有一个是好东西！"检定：你父亲呢？

检定方法：找出例外，顺其意而夸大可笑的程度。

例："他从来不跟我好好谈谈。"

检定：我很好奇，"从来"？甚至在结婚的时候？

既然他从来都不能好好和你谈谈，你俩怎样相识、恋爱、结婚的？

例：

"我妈妈从来没有支持过我。"

检定：从来没有吗？一次都没有吗？

我们觉察下自己说话，我们说话总是会不经意间以偏概全，影响自己的人生，让自己难受，我们要打破它。

例：

"这个男人从来没有对我好过。"

检定：那你活该，从来没好过，那你还嫁给他？

当你这么一说，她自己或许都笑了，那结婚前还是不错的。那至少说明结婚前还不错？想办法找到例外，去开个玩笑，或者是夸大它，让她自己都觉得好笑。

例：

"你没有一次做得好的。"

检定：在你的眼中，真的是从来没有一次做得好？照你这样说，我未来的几次也不会做得好的，对吗？

例：

"没有一个法官是好人。"

检定：真的没有吗？从来都没有过好的法官出现？所以现在关在监狱里的都是好人？而在社会上自由行动的都是坏人，是这意思吗？

"你总是这个样子！""你怎么一直这么笨！""你绝对是错的！"看看这样的句子，在我们生活中随时随地都能碰到，这种绝对化的语句，以后要有意识去避免，当然如果再听到知道怎样去检定了吧？

（2）**能力限制**：说话者内心对事物的合理性或者可能性有一些错误的信念，然后用个框把自己限制起来，这些限制框使得说话者看不清事情的解决方法或者无法突破，因而常常陷入思想困境之中，也就是常说的自我限制。

能力限制通常包含"可能性"和"需要性"两种，在语言中会有两个意思：第一个是"有"或者"没有"这份能力；第二个是有能力，但不能运用或不需要这份能力。

"可能性"能力限制从以下的文字可以觉察：可以、不可以、可能、不可能，会，不会，一定等。

比如说：

我不可能成功的！

我一定做不到！

我不能够放松！

我不能够享受！

我不能够选择！

我必须要努力！

我必须要刻苦！

我必须要坚持！

我应该好好对他！

我应该怎么样去检定并化解这些限制自己能力的语言呢？

通常如何去化解能力限制？你只要说两句话就可以了。

是什么限制了你？

你即使这样做了，又会发生什么呢？

如果有人做到了，那意味着什么呢？

按照限制相反的方向去化解。

"有人说不能放弃。"

检定：是什么限制了你？你放弃了会怎么样呢？

"我不能放松。"

检定：是什么限制了你，你放松了又会怎么样呢？

"我不能让自己静下来。"

检定：你怎么令自己不静下来？

"你不可以带他走。"

检定：我带他走会有什么结果出现？

"可能性"能力限制，让说话者把自己放在固步自封的选择框中，"我不能放松"是把自己困在一个狭窄的框架中，框架之外就是放松。试想：他以前想必经历过放松，才能知道什么是放松，他做了些什么使自己继续蹲在那个小框架中呢？

我记得有个学员，以前让他去听曾老师的课，他总说没时间，后来在监狱里呆了 5 个月，然后他发现，去哪里都有时间了，因为他在里面呆了 5 个月，什么事儿都没发生变化，地球没了他照样运转，他一下子就开悟了。所以怎么化解能力限制啊？是什么限制了你呢？你这样做了，又会怎么样呢？"我不能让自己平静下来"，是什么限制了你？当你静下来了，会怎么样呢？

"需要性"能力限制从以下的文字可以觉察：应该、不应该、必须、必须不，通常是表达一些规矩的存在，这些规矩往往限制了我们实现信念价值的最佳途径。例如"你应该……"之类的说话往往在指责别人，这类说话的人大多是内心的自我价值不足，想控制别人。这类人不满意自己缺乏能力，故此产生不满情绪，并找机会埋怨别人。

"他应该先问问我再做。"
检定：我很好奇，如果他不先问你，直接做了会有什么好处呢？

"我必须要看完电视才能睡觉。"
检定：是什么令你睡觉前总想看电视？

"你必须保持沉默。"
检定：不保持沉默会有什么情况出现？

找出生活中自我限制的例子，去问问自己，是什么限制了自我？

（3）**价值判断**：这个需要重点讲一下，价值判断通常是句子里明显有一个自我判断的价值，但没有说出判断的来源。

怎么检定呢？直接询问对方来源，谁说的？凭什么这么说？

生活中这种例子比比皆是！

翻开微信，遍地都是。很多都是名人名言，前段时间，我看到《读者》杂志的编辑写了一篇《名言是毒药》的文章，我觉得特别有道理，我们在生活中，经常把别人的话，尤其是名人的话剪一段出来去试图说服对方，好像很让人信服的样子，但其实根本经不起检验。

比如说："无奸不商"，这是个价值判断，同时也是以偏概全。你只需要问一句话就可以化解："这是谁说的？"古人说的，哪个古人？那古人上半句还说童叟无欺呢！这句话的原文是"童叟无欺，无尖不商"。尖，在古代是一种计量器具。无尖不商的意思，实际上是说，要经商，必须要有计量器具，这样才能做到童叟无欺，也就是说要公平交易的意思。你连个"尖"都没有，还敢来市场上摆地摊？无尖不商可以说是市场的行业规则，是一句市场经济的格言。但随着古代重农轻商，打击商人，才把"尖"改成了"奸"。许多人不明就里，嘴巴上总是对一些做生意的老板说"无奸不商"，这就是典型的自我价值判断。

中国的文化里有不少的"不知出处，但总错不了"的词句，强把一些泛定价值抖出来，使听者不知如何招架。当我们知道如何去检定的时候，你就可以轻松化解了。找到这句话的来源，质疑它的来源，然后事情就好办了。你问是谁说的？无外乎古人说，大家说的，老师说的。在课堂上，NLP 的领军人物，罗伯特·迪尔茨对我说过，有些名人名言是真的，有些是假的，这个不重要，重要的是这句话是否有价值，是否对我们有帮助，特别是对当事人有帮助。通常这些价值判断的话很简短，显得很有道理，但大部分是谬论和误解。

来看看这些词汇：

"人脉就是钱脉！"

"成功的十大盲区！"

"好男人的标准！"

"男子汉不应该哭。"

"乱世出英雄。"

"无事献殷勤，非奸即盗。"

"人脉不是你认识多少人，而是多少人愿意跟你玩儿！"

乍听之下好像很有道理，你问一问谁说的，从哪里来的，这话就没有价值了。总而言之，你发现，那些简短且有明显价值取向的话，好像很有道理，可是对你的人生并没有实际的帮助。你要学会觉察，要问谁说的，从哪里来的。

"男人的福报就是遇到一个好女人。"这对你的人生有帮助吗？结婚的人，已经遇到了，好或不好，都赖到女人身上去。没结婚的人能判断什么是好女人，什么不是好女人吗？所以这句话听起来有道理，其实对你的人生没有一点儿价值。

"男人流血不流泪。"这是谁说的？难道不知道还有下半句"只是未到伤心处"？对这些价值判断的话一定要特别小心，一不小心就会被绕进去。最可怕的是你会被催眠，甚至十几年来去相信这些话，实际上这对你没有任何帮助，十几年下来，你还是这样，没有任何改变。

二、如何描述事实

通过前面的学习，我们是不是不敢开口讲话了呢？既然是学语言的"出神入化"，那我们就要学会怎么说话，让别人不太容易去检定你或反驳你，怎么去清晰地表述你的意思，即不会让语言扭曲，也不会让它模糊。

那就是去描述事实，表达自己的感受，表达你在意的价值，最后提出你的要求，希望别人怎么做。

描述事实是一件很重要的事，我们经常讲："你总是回来这么晚，你总是不在意我。"这些是事实吗？我们要学会描述事实。描述事实与接下来的语言沟通是有很大关系的，这也是我们课上常说的语言"3+1"模式。

通常我们在和我们的亲人、朋友、客户沟通的时候，应该怎样去"3+1"描述事实呢？你要用"我看到什么"、"我听到什么"、"我的感觉是什么"、"我在意的是什么"和"希望对方怎么做"。

通常要看到对方的三个事实。

例如：
学员：我看到他穿了一件外套，看到他认真地写小鱼儿纸。
老师：认真地写是判断，小鱼儿纸就是事实。还看到什么？

学员：看到他和学员们在交流。
老师：学员们就虚泛了，和哪个学员？是所有的学员吗？

你发现没有，描述事实容易不？很不容易。

再来看一个例子：

学员：我看到你们俩都在认真听课。

老师：这里有判断。你怎么知道他们在认真听课？

如果用"3+1"模式应该怎么说？

你看着我，你的手托着下巴，当我说话的时候你发出"嗯"的声音，还点头，让我觉得你听得非常认真。

瞧见没有，这里的每一句话都是不加修饰的事实。一旦修饰就不是事实了。发现没有，描述事实，也没那么容易啊。

再换个例子：

学员：我看到你染着有一点儿酒红色的头发。

老师：这不是酒红色的头发吧，这是栗色的吧。好，现在教大家，如果说染发，你要带着模糊而不会错的话："我看到你的头发染着颜色。"这是绝对不会出错的。我这样说话是精准的模糊。如果她对酒红色很反感呢？你这样说话彻底完蛋了。明白吗？因为这里有你的判断和认知的问题了，不是一个事实了。

如果用"3+1"模式应该怎么说？"我看到你染了头发，大衣带着毛领，我说这个话的时候，你不住地点头，让我觉得你真是一个非常有品味的女人。"发现没有，事实不能乱描述的，要学会说那些怎么都不会错的话。"你染了酒红色的头发"，就很容易出错，是不是这样？比如我说你带着一副眼镜，换成："你戴着一副性感的眼镜。"你发现就很容易出错，你不知道对方对哪个词敏感，对方能同意吗？你戴着眼镜，你戴着半边框的眼镜，这些都是没错的。

比如说："你戴着一个金属手镯。"这句话没有错。如果你说："你戴着一个银的手镯。"有可能是白金的呀。"你戴着一个手镯"，更不会出错。所以你发现学会说那些不会出错的事实，也没那么容易，这是一切沟通的开始，

当你将来成为导师，站在讲台上说话更是这样。当你准备去谈判，当你去路演与投资商沟通，当你去引领别人的时候，你在描述事实这里出错了，后面就没用了，前面必须是事实，描述精准的事实，去表达感受，再加一个在意的价值。

继续举例：你戴着眼镜，穿着外套，我发现我说话的时候，你一直看着我，你给我一种很亲和的感觉，我觉得当我们沟通的时候，保持一份关注是非常重要的。

这里"关注"就是价值了。发现没有，我们怎么去表达的？先描述三个事实，加一种感受，最后去传递在意的价值。如果你学会这个，客户之间，夫妻之间、同事之间沟通就会更容易。

描述的事实必须是：无论你怎么说，绝对不会出错的事实，对方潜意识没法对抗的事实。对方唯一要做的是什么？是接受你描述的事实。所以大家就知道，真正语言的高手，平常说话好像是随便说的，其实每一句都是经过缜密的思考。

继续举例，来看看课堂上学员是如何说出三个绝对不会错的事实，然后去表达一份感受，再表达一份在意的价值。

学员：我看见你拿着一支黑色的笔，在笔记本上写东西，我看见你穿着一件外套，带着一条围巾，在我说话的时候，我发现你时而看我时而不看我。

老师：停！这肯定不是事实，因为这个"时而……时而……"是无法证实的。

我们在生活中会经常面对这样的事情，想要更精确的表达，可能需要寻找更精确的方式。比如："老婆，我们今天晚上坐在这里，只有我们两个坐在这里。刚才我跟你聊起这些事的时候，你看了两次你的手表。"这是事实，你说"时而看着我时而不看着我"，就不行了。"我心中有一种不被尊重的感觉，我很在意的是我们之间能有一种和谐的关系，所以我希望，如果我们能做个相对比较正式的沟通，请你能够看着我，谢谢你。"

能理解吗？跟客户沟通也是一样的。

"陈总，我们合作了三年了，我是你的供应商，你是我的客户，我们今天坐在这里聊一些事情，过去的一个月，我们已有3次退货记录，让我觉得你产品的质量有一点儿不受控的感觉，我非常在意我们之间相互的这种信任，以及信任背后的工作品质，我真的希望未来的三个月你们产品出现事故的次数，控制在一次以内，可以吗？"

当你这样说话的时候，别人会感觉怎么样？是不是非常舒服，根本感受不到你在攻击他？

这种"3+1"描述事实的谈话方式可以用在任何地方。这个容易吗，说容易不容易，光去讲好那个事实是不容易的。

来，让我们在看一个好的案例。

学员：我看到你已经上过 NLP 经典班了，你今天来学习"语言魔力"课程。当我看到你刚才看这副扑克牌的时候，我感觉到，你似乎不太清楚这里面发生什么了。我希望，如果有机会，你可以去体验一下"英雄之旅"，或许你会知道发生了什么。

看到没有，这个描述非常棒！我们很可能通过语言，瞬时就激发对方的需要，这在销售中是不是特别好用？跟客户沟通的时候就会很容易去满足客户的需要。

我记得在课堂上，我们有个学员叫小罗，她因为产品有点小小的质量问题，客户欠她 70 万，一直没给她。那时她正在上 NLP 经典班，她说用 NLP 经典班上教的"3+1"模式去试一下吧。于是，她打电话给客户："程总，我们已经合作了 5 年了，对吗？你们是很大的公司，我们是很小的公司，对吗？过去你是否感受到我们一直全力以赴地支持你，是这样吗？我相信，我们这个事其实也是可以解决的，对吗？"结果还没说完，对方说："好了，不要说了，这些我清楚，这个月给你 30 万，下个月给你 30 万，剩下 10 万作为押金，等到我的客户没有投诉的时候，我再给你。"

是不是很棒的事情？这话听起来是那么舒服，那么的顺耳。因为有一批产品有一个小小的质量问题，但就是这样三句话搞定了，所以你不知道，当我们学会《出神入化的万能语言》之后，什么时候它就能发挥关键性的作用，达到一个关键性的成果。至少这本书会让你的价值变得更大，难道不是吗？

好了，我再和大家说一个"54321"催眠法，这是什么意思呢？
就是五个事实加一个指令，然后沟通；
四个事实加两个指令，然后沟通；

三个事实加三个指令，然后沟通；

两个事实四个指令，然后沟通。

催眠不是谁发明的，而是从人类的行为状态总结出来的一套东西，本来就存在了。NLP的学问更规范、更模式化，还帮着总结，让我们都能学会。那些想学的人，基本上知道该怎么做，只需要练得更熟悉一点，你说的事实多一点，加指令，逐步减少事实的量，增加指令的量。

当我们学会"3+1"和"54321"的语言沟通模式后，给公司开会，和客户聊天，这个厉害不厉害？你可以把人带到天堂，也可以带到地狱。NLP经典班里经常说一句话："没有一个人独自上天堂，也没有一个人独自下地狱。"我们追求的世界不是一个你死我活的世界，在我们的世界里可以永远平和、快乐，可以像每朵花儿那样，让自己本来的样子自然地绽放，每个人都可以因为我得到的多而得到更多。

事实上，我们太多的人对这个世界有判断，本身我这个也是判断。我们判断你死了我才能活，你拿少了我就拿多了，甚至把地球归为己有，其实我们不可能拥有任何东西。

你以为我多了，别人就少了，这是执着。你以为拥有很多钱才能快乐这就是执着，你认为你必须有个更大的房子，我必须有个更好的车子，就是执着。你富足了，有了钱，开个更好的车这没关系，开一般的车，你发现也没关系，那个时候你就自由自在了。就像我们以前说穿衣服一样，你可以穿很贵很贵的衣服，也可以穿很便宜的，只要你觉得舒服，开心地穿着衣服，这就是放下执着了。

所以，我们做任何事情是为了让对方更好，是增加对方的能量。有的时候，我们说话的时候总是带着负能量，这就会降低别人的力量感和能量，也许我们表达的是真实的，没有错误，可是表达的时候让别人向低走，而不是向上走，这就不是正心正念。所以我再次强调，我们沟通的前提，第一是有足够的亲和力，第二是要正心正念！

在这里，我们给大家一个承诺：在此书中学的所有知识，都将用在正面的方向上，都是为了让自己更好，同时让别人更好，也是让世界更好。当我的能力增加的时候，我让这个世界更好的能力也增加了。

当我们说这个世界是你多我就少，你死我才能活的时候，你这个时候的假设是：世界是有限的，世界是悲惨的，世界是残酷的。如果在你的生命当中做了这么多的假设，那你的人生又怎么可能开心？你想是这个道理吗？你为你的人生做了这么多悲惨的假设，局限的假设，你还想活得舒心，你还想活得快乐，那是不可能的。

我们说一个贫穷的内在，不太可能创造一个富足的自我世界，只有一个富足的内心，才能创造一个富足的自我世界。

当我们说这个世界很残酷的时候，这是世界真实的样子吗？还是你的内心是这个样子的？其实你发现是你的内心是这个样子，当然这个世界会真真切切地呈现给你看，是你投射出来的而已。无论你觉得这个世界多悲惨，多残酷，你也会发现有很多人活得开心、自在、纯真。所以一定要做这个承诺给自己。

当我们与别人沟通的时候，我们未必一定要用问话的方式，直接聊天就可以，但需要描述事实。例如："你看我们来到这里，这么多人在听曾老师讲课，坐在圆形的吊顶下面，灯光照着我们，周围还有摄像机，让我们有一种很尊贵的感觉。学员们都看着曾老师，还做着练习，我们看着对方的动作，发现我们的进步是很快的。"你看，当曾老师说话的时候，老师的眼神越来越柔和，你发现我们还可以一边练习一边吃东西。

其实，看到这里，你会认识到这本书对我们来说非常有价值，真的值得我们全力以赴的去学习和练习，我们发现语言的出神入化对我们以后的人生都会有很大的帮助。发现没有，我是不是连下了三个指令，你在看的时候根本不知道发生了什么，如果这是我在传递信息，看书的人就这样看进去了。

来，最后做一个好玩的游戏。

你试着让对方说：老鼠、老鼠、老鼠、老鼠、老鼠……

然后，突然问他："猫怕什么？"

你瞬间顿悟了没有，我们大脑的潜意识是怎么回事了吧？当前面不断地接收、接收、接收，然后下达一个指令，潜意识就简单地执行了。

三、模糊语言

好，继续学语言，开始学模糊语言。光学会检定语言不行啊，检定完了要引导别人，有时候就需要用模糊语言去引导别人，这很重要哦。

模糊语言一般都用于催眠式销售、人际沟通和植入新的信念系统。使用模糊语言可以瞬间拉近和陌生人的距离，增加亲和力，让别人感觉你能读懂他，甚至更进一步地催眠他。

　　模糊语言和检定语言正好是完全相反，一一对应。所有检定语言中的删减、扭曲、归纳。其实都是模糊语言的运用，这里我不再按检定语言的格式去描述模糊语言，而是换一种我们常用的语言表达方法来叙述在不同场合运用模糊语言的情况下。下面介绍模糊语言的一些使用技巧。

1. 猜测含义

　　这个很容易理解，当我们与对方沟通的时候，加上"我猜"、"我知道"，就会很容易拉近距离。

　　例如：我知道大家很想让熊大掏钱，我知道当熊大掏钱的时候，我们都会非常开心。

　　例如：我知道你为孩子玩游戏而感到烦恼，我猜每当孩子玩游戏的时候，你会开始焦虑，同时这也意味着当我们去强行控制孩子的行为时，往往是没有效果的。

　　我说的话好像知道你的想法一样，基本上，在生活中，别人说话的时候，用"我知道"开头，这样一句话就变得模糊且生动了。

2. 价值组合

　　价值判断，例如："钱交给女人管的男人都是好男人。"这话你自己听了舒服不舒服？把钱交给女人管是一件很棒的事情对吗？你说的话明显有一个价值倾向在里面。我们回到检定语言，如何检定？"谁说的！""何以见得？"你说的话很短，好像很有道理，别人听了很有力量，但是没说是谁说的。

当我们用模糊语言做一个好的价值取向，别人通常就不知不觉地接受了。因为你说了一个很棒的价值判断，而不是对人生有限制的价值判断，明白吗？同时，当别人说一个不怎么好的价值判断时，就检定它。

我们用模糊语言说一些价值判断的话，同时对我们的人生又有很大的帮助。

例：

感恩之心离幸福最近。

知识改变命运。

一个会夸奖老婆的男人是有智慧的男人。

一个强大的人是不惧怕别人批判的，因为凡是真实的不惧怕任何威胁。

学习的女人更智慧。

有时候，不见得说很少的字就没用，关键是句子是简洁的，是有力量的，是正向、正心、正念的。

我们来看一个案例："一个有力量的人是不需要生气的。"

你去感觉一下，这句话似乎力量感不够，如何换个说法，把不生气和力量放在一起？"平静意味着更大的力量。"这样会不会表达的更有意思，直达人心的感觉？

让我们继续用模糊语言说出价值判断。

例：

人每往前走一步，都离不开语言开路，所以活着的人，都应该学习曾亮 NLP

经典班。

健康是永恒的信仰。

做好你自己，世界就是完美的。

力量源自信念。

做好自己，是对世界最好的祝福。

心简单世界就简单，学了 NLP，世界就更简单。

通常催眠的时候怎么说？"深呼吸，每一次深呼吸都会让你更加放松"，其实这两者没有直接关系的，你一旦把它连上好像就真的可以放松了。

把两件毫不相关的事情扯到一起，可能听起来让人又舒服又自然，我们说话一定要流畅，如果你说得不自然不舒服，对方的潜意识就会怀疑话的真实性。

"当你看着我的眼睛，爱就开始了。"也可以更简单："看到你的眼睛我就看到了爱。"

例如：当我看到这个橘子的时候，我就感受到了生命的丰盛。

这句话把橘子和丰盛联系到了一起。

"语言让我们更智慧，语言让我们更有力量，语言让我们更强大。"本质上随随便便两个事物都可以组合。

例如：当我们来到这里的时候，我们的生命就注定会有所不同。

其实这两者没有关系，但我们使用模糊语言把两件事物联系在了一起，给人感觉又舒服，又顺畅。

继续举例：儿子过来这里，当你坐在这里的时候，其实你感受到爸爸的爱了，对吗？你看，把毫不相关的扯在一起，就能起到一个良好的沟通效果，这就是语言魔力。

把两件事情扯在一起，这里有个技巧，可以把"也就是说"加上去。

举个例子：

你来到这里，也就是说你准备好了学习，要把语言这门工具运用得更好。

我希望语言就像你们翅膀下的风，它把你们托起来，飞得更高更远，它无形，可是它可以起到强大的支撑作用。

此刻站在这里，看着同学们从四面八方来到这里学习，是因为学习可以改变我们的命运，学习可以让我们的人生更加美好。

刚才听的虽然是英文歌，我们依然听得很舒服，也就是说音乐是不分国界的。

当你走进曾亮 NLP 经典班的时候，也就是说生命之花就开始绽放了。

一旦你能价值组合，语言的通道基本就算打开了，面对即兴演讲或搭讪聊天，你将轻松自如地掌控节奏，并引导对方去向你设定的方向，真的很神奇哦。

3. 前提假设

随时把不相关的事拉到一起，有很多种方式来增加假设。

（1）**用量放假设**："我不知道你学会了 80% 呢？还是 90%？甚至 100%

都学到了呢？"当我说这话的时候，有个基本假设，你学到了很多，至少超过了80%。

（2）**用时间放假设**："语言的确很厉害，是吗？我们也知道语言需要练习才会让你运用得更加熟练，所以我不知道你们会什么时候去练习呢？是今天练习呢，还是明天练习呢？还是在今后生活中练习呢？最重要的是当我们练习的时候，我们会更加感受到它的魅力。"

（3）**用顺序放假设**："我们在学语言的时候：首先我们可以先学理论，其次去找些案例，再次我们做一些练习，最后我们可以相互提醒。"

（4）**用问话放假设**："你看我们是先喝水再做练习呢，还是先练习再喝水呢？"

（5）**直接放假设**："浙江的女人都像你这么智慧吗？""福建的女人都像你这么大气吗？"

前提假设是语言魔力的核心之一。要学会放假设，你得先认定这是个事实，再设计语言。

你想老公对你好，你先认定你老公已经对你好了。

例如："老公，你对我这么好，让我好感动啊。""老公，你对我这么好，我都不知道怎么回馈你。"你先假设他对你好，你所有的语言都表达他好像真的对你好一样，然后你发现美好的事情就发生了。

你还可以说一个你想要达到的事情，我们来给自己的语言中放入前提假设。

当面对我们的客户时："我们的货是汽车运过去呢，还是飞机托运过去呢？"这里的假设是客户已经要这批货了。

"你是付现金还是刷卡？"这里的假设是顾客已经准备好要掏钱了。

"你是今天上午有空，还是今天下午有空？"这里的假设是对方今天有空。

"宝贝，你学习是为了妈妈开心呢，还是自己开心呢？"选择哪个都是开心，我们先设定那个结果已经发生了，然后设计语言，明白没有？你说的所有的话已经发生了，你学会这个，沟通就会无往不利。今天晚上就可以试一下。

古人的智慧，都是设定一个假设的局让你回答，让你不知不觉说出真相。比如县官审问犯人："你打烂他的头的时候，你是怎么想的？"往往，有犯人就会急着辩解："我打的不是头，打的是他的腿。"类似的有很多，这是心理的局，你要明白对方是在放假设，是按量，还是按时间呢？总之放假设就是设定一定会发生或者已经发生的。

那么曾老师是如何运用模糊语言来做案例的？

学员："我希望我老公来学习，我老公没来。"
老师："我知道你正在为你老公来不来学习的事而感到困扰，是这样吗？这件事真的很棒，因为这件事说明你已经开始关心老公的成长了。有句话说得好，夫妻关系的质量，其中有一个关键因素，就是看你们是不是在共同成长的道路上，也就是说，一个女人对一个男人最大的贡献，就是你是否支持对方的成长。所以说当你这样想的时候，问题已经解决一大半了，你的心已经在开始支持他了。我不知道这份支持什么时候能达到效果，明天或是后天，也许很久，也许很快。最重要的是，当你支持他的时候，他会慢慢感受到你的支持，这已经为你们良好的关系打下了坚实的基础，所以剩下的只是时间问题。有句话说的好，你已经在路上了，还怕路远吗？"

你看，老师把所有的句式放在里面了，好像什么都没说，对方觉得行云流水。是不是觉得很好玩？我猜有一天，你们也可以像老师一样，对方随便一个困扰，都能轻松化解。

假如你和一个搭档在做这个练习，对方说出一个她的困扰，说完之后，你需要针对对方的困扰，写出："我知道"……"也就是说"……再放一个假设……"我不知道什么时候"……"也不知道你"……"非常棒"……"无论如何"……"明白怎么做了吗"？究竟填什么内容不重要，把句子连接起来是最重要了。

例如：我知道你正在为弟弟的事情有一点点困扰。哇，这是一件很棒的事情，因为当我们面对事情的时候，说明我们已经开始迫不及待的要求自己成长了。也就是说一旦成长开始的时候，成长也就不会再停止下来。当你今天坐在这里，也就意味着你已经开始寻找解决帮助他的办法。有人说，既然成长已经开始，那我们还用着急吗？已经在路上了，还怕路远吗？我不知道你弟弟什么时候成长到与他年龄恰当的水平，也许是明天，也许是后天，也许是半年，也许更短。但这并不重要，重要的是我们人生经历的每一件事情都会让我们成长，难道不是吗？重要的是我们已经开始成长了。另外一个没有说的事实是，每个人必须为他的生命付出相应的责任，而不是由其他人来承担，是这样吗？

4. 整体性量词

整体性量词，每个人都必须怎么怎么样，所有的人怎么怎么样。其实这就等于检定语言里的以偏概全。

当我们在语言上，加"所有人"的时候，那意味着什么？我们并没有直接对他说话。例如："你应该为你自己的幸福负责任。"如果改为："每个人都必须为自己的幸福负责任。"你的潜意识就想：那我也是每个人中的一个啊，所以我也应该为我的幸福负责任。

所以，你可以在话里面加上"每一个人"、"所有的人"、"你是可以的"，加上这些词。还包括可能性、必要性，指所有暗示的可能性必要性的用词，"可以不可以"，"应该不应该"，即检定语言中以偏概全的反向运用，如果我们把前面检定语言学透了，这个就简单多了。

5. 虚泛词

当我们越具体的时候，我们就把一部分的人分割出去了，当我们越模糊越虚泛的时候，就越能包含到所有的人。

所以作为一个领导，一个管理者，一个导师，你不可以用太多具体的词汇，很多时候必须用虚泛的东西，来引发对方思考，引发包容所有的人。这也就是为什么有些课，有些人不接受的原因，就是太具体了，一部分人很认可，另外一部分人很反对。所以，该用的时候，应该用些虚泛词。

6.附加问句

附加问句就是特定的动词，有时候你发现我跟别人说："嗯，你是可以的。"其实啥也没说，但是你的潜意识会自动填补。

从本质上讲，今天我在书中教的是无障碍的沟通，催眠式沟通，用在与客户的沟通和管理上，是不是都有用？下篇讲"回应术"，那更是语言中的好东西，其实语言中有很多东西，是写不完的。我内心深处希望能帮助大家学到尽量多的东西，因为资源不是我的，资源是世界的，我愿意给大家做更多的分享，让我们一起努力。

学员："老师，我怕学不会。"
老师："加油，你一定行的！"

当我们在处理两极化关系的时候，对有一些人，说什么一开口都是"但是……"一般这种人，你说什么他都抗拒，就需要使用附加问句排除干扰句。

第一种方式：你用反向指令。什么叫反向指令？"你不相信我的话，你不需要这么着急做决定，你不需要以为我说的好就是好。"这叫反向指令。"你不一定要"，随时随地下达反向指令。

处理这种人的第二个方法：加上"难道不是吗？"对那些很容易说"但是"的人，反向指令："你不一定，你不一定要相信我的话。"如果你说正面指令没用，就要下反向指令："其实不需要这么快下决定，我们的产品再好你也不要相信，直到你自己体验到好为止。"他心里听了是不是很舒服？还可以加上一句"难道不是吗？"这是处理两级化特征的。

7. 引用

这个比较好理解吧，就是不说出说话的人。引用有两种，第一种：明明这句话是自己说的，你可以用"我听我的老师曾经说过……"说出引述的人。第二种：不说出引述的人，你可以用"记得，有人说过……"。

当你使用引用后，你就可以把你的思想通过第三者的角度传递给对方，这样就减少了别人"为什么一定要听你的"的想法，尤其是当你引用所谓"名人的嘴，说自己的故事"，往往会让听众更愿意倾听，并慢慢接受的想法，我们在使用语言沟通的过程中，当你说不下去的时候，你就可以使用"引用"来化解尴尬。

例：
我的同事说过……
上次有个人说过……
昨天碰到一个朋友告诉我……
那天在酒吧听到……
我在一本书上看到……

引用无处不在，习惯性用这样的说话模式会让你的沟通无往不利，利用不存在的"第三者说话"往往让对方不会防备。

8. 比较删减

这个跟前面讲到的检定语言一样，反过来用就好了。

特别是赞美员工，赞美孩子的时候："你这样做比较好！""你这样显得比较成熟！""这样做效果比较好！"当你这样说话时别人觉得很舒服。

例：有些人真不靠谱！

有些人指的是谁啊？你要检定他，特别是当这些人说话不清不楚的时候，你可以检定它，检定完了再模糊它。

每个人都有自己的主见，你不需要替他表达。出现任何东西，检定一下，再模糊一下，会起到非常棒的效果。检定语言和模糊语言两把刀你要同时准备好，该检定的毫不犹豫，该模糊的也毫不犹豫。使用语言就像耍太极，让对方很温顺地就接受了。

9. 双重约束

双重约束和前提假设有点儿接近，但不是一回事儿，如果能一起使用，在双重约束的同时放入假设就能让语言具有魔力。

"你是先做这个呢，还是先干那个呢？"给你两个选择的时候，每一个选择都是我想要的结果。当你跟别人说话的时候，要求别人做什么，别人自然会有抗拒。当你给了两个选择，对方似乎觉得是自由的，很乐意做选择，只是你的双向选择设计得很棒，无论对方选择哪个，都会是你想要的结果。

"宝贝，你是先吃饭呢，还是先做作业呢？"哪一个都是你想要的。无障碍沟通，就是让对方无法抗拒。当别人意识到受骗的时候，或者你是在拿走对方不想要的东西时，对方的警觉性就产生了，无论你说什么都没用了。

有一种情况测谎仪测不出来，是哪种情况？反复催眠自己，认为他撒的谎是真的。有个女孩躺在床上瘫痪了20多年，一直是她姐姐照顾她，有天把她的外甥女吓坏了，因为她突然站起来了，可是，当她姐姐去看她的时候，她又瘫痪在那里。后来找了公安局的专家，公安局也不知道怎么办，就在家里安装了个摄像头，结果发现她真的会站起来走走，还拿花生吃，吃完又瘫在那里。这是什么？

是自己催眠自己，她妈妈从小对她太好了，她是家里最小的姑娘，妈妈什么都不让她做。所以我们要明白对孩子太好了，有时候真的是一种伤害。有天她妈妈去世了，她就觉得自己啥事也做不了了，瘫痪了。实际上所有的功能都是正常的。每个人都能创造自己的幸福，就怕自己给自己去创造一种错觉，认为自己不行。可是在某种状态下，她的意识知道其实是可以的，在绝大部分的情况下，她就让潜意识来接管，让自己瘫在那里。

这是一个真人真事，是在电视上看到的。她妈妈在的时候，什么都不让她干，因为是最小的宝贝女儿，她自己没有独立做过任何事。她妈妈突然去世，她把自己给催眠了。用NLP来解读她的内心："我什么也做不了，我必须靠别人，我必须这个样子，姐姐们才能照顾我，如果我自己去面对，是多么可怕的事。"到医院去检查，所有功能都是正常的。采访的时候她姐姐说过一句话："你们都不要管她，她就起来了。"这句话是真理，但是有人听吗？都觉得她不行，所以家里的大人还要接着管她。

写到这里，不得不提一下孩子的话题。其实所有孩子的问题，都是父母的问题，因为父母设定了孩子不行，假设孩子不行，然后做出的都是暗示性的语言和行为，所以孩子也被催眠了。当你所有做的事假设孩子行，建立这个基础上，孩子也会收到。父母对孩子最大的贡献是什么呀？信任孩子，哪怕受点儿痛，孩子也可以，这个痛也是孩子成长最好的礼物。当你这样看问题的时候，人间有时候真的没什么问题了。

回到双重约束，就是给你两个选择，无论是哪个选择，对我来说都是我要的。"你是刷卡还是现金？"这里放入了前提假设，你是决定要买了，又给了双重约束，所以有些话真的威力无比。

10. 会话式要求

会话式要求就是说：我问这句话其实不是让你回答的。举个例子："你知道现在的时间吗？"通常你不会告诉我知道或不知道，你会直接告诉我几点，这很好玩哦。

比如说有扇门开着，我想让你关门，我不会说让你去关门。我会说："那个门还开着吗？"

你的潜意识会驱动你去帮我关门。

当我们让别人做事的时候，使用会话式要求，往往就能得到我们想要的结果。

NLP 的创始人之一艾瑞克森很厉害，他小时候腿瘫痪了，有一次独自划着小船穿越美洲大陆，肚子饿了，别人烤鱼烤得很香，他就说："啊，你们烤的鱼是不是很香啊？"他不是让别人回答 YES 或 NO，别人说："啊，那当然，给你分享一块吧，吃着很香吧。"

我们的一个问题，好像表面上是让你回答"是"或者"不是"，实际上你会用一个行动回应我。"你知道现在的时间吗？""你知道现在几点了吗？"往往你不会回答"知道"或者"不知道"，如果你有表的话，你就会直接告诉我。

所以基本上来讲，当我们要提出这样的会话式要求，是有步骤来设计的。第一我知道现状，比如说门开着，我想让你关门，第二步我要你怎么样，我要你关。在这个基础上，基本就可以设计问话了。

学习语言是一个艰苦的过程，大家愿意来曾老师的课程上学习，是因为曾老师把艰难的过程完成了，能直接给大家最清楚最明白的信息和知识。

现在你懂会话式要求了吧？清楚你目前的现状是什么，你想要的结果是什么，你就可以设计那个问题了。你想知道几点，就问"你知道现在的时间吗？""你知道明天的天气吗？"你的目的不是让对方回答 YES 或 NO。对方会自动给答案，真的很有意思。

11. 引述

引述和引用有点儿像，当我们去引述一个人的话，就要说："谁谁说了什么。"尤其是有点儿名气的，对方的潜意识就容易接收了。总比"我说什么"要好，说话的时候，千万不要说"我说"、"我认为"。每当你把"我"加上去的时候，那句话的力量不是增强了，而是减弱了。在大多数时候，你可以说"我个人认为"，每当我们这样说的时候，我们的目的就是为了减弱说话的影响力。

比如有个人问我孩子教育的问题，我有我的答案，同时我不确定它是最棒的答案，或者我不确定答案是正确的。我就会说："我个人认为，以我的经验……"意思告诉你不要扩大，它有可能是对你有用，也有可能对你没用。如果我要强化语言的力量感和重要性，我就不会用"我认为"、"我个人觉得"，就会把前头给拿掉，记住这一点了吗？这是语言沟通中很重要的事情。

这里有个模糊语句："李强告诉我，他在上海遇到大伟，他说他的老师说……"

"他"是谁，是李强的老师，还是大伟的老师，没有说清楚。有时候你不要问那么清楚，因为很多时候说话者是故意制造这种模糊。

在课堂上这种模糊有时候是故意制造的，每一句话基本上是特意设置的。回头你再上曾亮老师 NLP 经典班的课，你就知道为什么这么好玩了。很多人说，曾老师你怎么总是在课堂上说"好玩"呢。有一天我终于明白为什么说"好玩"，知道为什么"好玩"。每个人都在人间剧场演戏，我在演戏，你也在演戏，你或许知道你在演戏，而大部分人在演戏的时候不知道自己在演戏。你在旁边看着，你知道那是戏，别人不知道是戏，而且你知道一定有一天会醒来。

12. 违反惯例

别人要你请他吃饭，你说："我的钱包饿了。"你会说这是幽默，如果我告诉你："那块石头的情感很复杂。"除了幽默之外还有什么呢？表面上看，我说的话显然是不可能的事，但实际上潜在很深的隐喻，石头可以指一个木讷的人，相当于潜在的隐喻。在下篇的"回应术"中会详细讲解，这里不再展开了。

13. 含糊

含糊有很多种含糊的方式，包括语音的模糊、读音的模糊、范围的模糊。

我经常说中国有些人很笨，睡不着做什么？数绵羊，一只绵羊，两只绵羊，三只绵羊，结果越数越睡不着。为什么？因为这个方法从西方那里来的，sheep 和 sleep 是谐音，一只 sheep，二只 sheep，你的潜意识就是一睡觉，二睡觉，然后就慢慢睡着了，结果跑到中国，很多人越数越清醒，这就是语音的模糊。总而言之，很多时候知道它的意义所在，却忘记了它真正的范围模糊。

读音的模糊："她带着金制（精致）的项链，一语双关。"

范围的模糊："年轻的男人和女人"。这里是指年轻的男人和女人呢，还是指所有年轻的男人和女人，这叫范围的模糊。对一个说话的人来讲，尤其是催眠师来讲，有时是刻意模糊，刻意不说清楚。

连接的模糊：我想跟你看电影上映了没有？

古时候，有个地主要求秀才写个对联，地主为富不仁，秀才就想捉弄一下：养猪大如山老鼠全死光！这话显得很顺，那个地主觉得很好，养猪大如山，老鼠全死光。第二天对联一贴，秀才在中间顿了一下，养猪大如山老鼠，全死光。这就是含糊的连接。

有个人到一人家去做客，主人不想留他吃饭于是写了张纸条：下雨天留客天天留我不留。那人很聪明，他就点了个逗号：下雨天留客天天留我不，留！

那些算命的很会忽悠，经常把你忽悠得糊里糊涂的。如："父在母先亡。"如果父亲已经去世了，妈妈还在，那就是父亲在母亲之前死。如果父亲还在，母亲先死。所以算命的先生很会说话，你把这些话写下来，都是催眠语言。科学研究算命的那些人发现什么呢？发现只要算命先生对你说话，无论说哪些内容，你会自动去对应，加上NLP上教的精准观察和身心一致，你对哪一句话有反应，他们会敏锐地捕捉到，然后就接着这个点继续去说，然后你会觉得，天哪，这个算命先生怎么什么都知道呢？其实都是你的身体告诉他们的。

其实很多魔术师都是催眠师，还有些可能是巫师。有些不是魔术是巫术，魔术是假的，巫术是真的，但又不是正常人能做到的，他们就会这个，他们说话会看你的反应。精准观察在 NLP 经典课程中讲得很清楚，有个"菜单"技术，我只管下"菜单"，然后根据你的反应知道你的喜好：每个人都有自己喜欢的颜色，有的人喜欢红色，有的人喜欢绿色，有的人喜欢黑色，有的人喜欢黄色，当你谈起这些话的时候，基本上他们也就知道你喜欢什么颜色了。再加上模糊语言，你就会觉得他们说的真准啊。

有个电视节目，专门揭穿这个，说你进了主持人的房间，他会讲出你所有的东西。在我看来就是精准观察，加模糊语言，再加事实的调整，然后就等于事实了。当然经过测试，对他来说，他的确知道了，这并不代表他有特殊功能，也没什么好神奇的。"父在母先亡"，你怎么理解，都是对的。

14. 就地取材

任何反对的理由，都要变成赞成的理由。这招很厉害，有点儿像以其人之道还治其人之身。

比如你说"我没时间来上课"，连上课的时间都没有，这就是你要来上课的原因；"我没钱来上课"，这个年龄你上课都没钱，那还不赶快学习成长赚钱呀；"这个我没想好要买"，你还没想好买，应该是我没说清楚，我来再给你讲清楚一点。你看，任何反对的理由都变成支持的理由。

15. 嵌入式指令

嵌入式指令也叫隐藏指令，就是我要把我的指令隐藏在更大的框架里，更复杂的句子里面。

比如说，你想让一个人舒服和放松，你不要说"你可以让自己舒服一点儿"，这样对方可能会对抗。"我不知道你需要多久才开始觉得自己比较放松呢？"把本来一个很简单放松的词，放在一大堆无所谓的东西里面，这叫隐藏指令，也叫嵌入式的指令。所以有时候有人说你看，你前面说了一大堆废话，现在知道了吧，其实那些废话都不废，明白吗？废话是为了让那个有用的单词和指令嵌入其中。

"我真的不是特别明白，你们会用什么样的方式进行怎么样的练习，总之让结果运用得更熟练吧。"当我把一个指令放在复杂的语句框架里，前提是什么？就是你可以通过说话把那个音加重，比如说：练习。虽然我说了一大堆话，可是重点是什么？练习！你的潜意识一听就知道我在说什么。因为当我说"练习"两个字的时候，语调、语音和其他的是不一样的。

"我也不知道你们这么多人会通过什么样的方式去做练习。"你可以把植入的那个字的读音加重或者放慢，或者在说命令之前停顿一秒钟。如果你把这些学会真是不得了。很多时候，扬眉手势很有用。在课堂上，每当曾老师在讲故事的时候，他会这么说："所有的人都开始注意我讲什么故事。"这里面包括面部表情：扬眉。对某些人来讲，特殊的词，特殊的动作，对他都是很有意义的，这叫设立感应点。

现在我要让你明白，你可以提高语调，或停顿，或拖长，或下沉，或上扬，改变你想植入的那个指令和其他环绕着的一大堆不同的元素。好像我说了一大堆，重点很清楚，我的语调、语速、停顿，已经清晰地让你的潜意识知道，我在告诉你要做什么，可你的意识不明白。

当我对一个人说一句话的时候，我突然改变音调，就是启动潜意识的方式，我需要的时候就会启动那个音调。

比如，当你碰到一个说话特别会绕的人和你说话，你可以突然加一句："哈，你有时候说话也是没那么绕啊，绕也是为了不那么绕啊。"这句话说给谁听的？就是给那种人听的，此时把音调突然调节成他说话的音调，说完变回你正常说话的音调。你会发现语言原来很有意思，至少现在学会把一个命令放到一个更大的框架范围内。

艾瑞克森非常厉害，对你说话的时候，有时候这样说，有时候那样说，你知道为什么吗？因为他清楚的知道声音传递的方向不同，对你的影响不同。每当他要对你发出指令的时候，让声音从你哪只耳朵传进去会更有效。他有时候特别做一个手势，你的潜意识就启动了，那个感觉就启动了，太美妙了。

你现在可以练习的是，把你的命令，放在更复杂的东西里面，然后通过语调的停顿，每当你说这个词的时候先停顿一秒，或者把音调加重，或者加长，或者突然声调变低了。你发现，当声调变低的时候，对方的注意力更加集中了。

好了，把这部分好好练一练，你就会很容易上手了。

如何练习呢？找个人，问他是否有困扰？然后你就说："我知道你有个困扰，这真的是一件很棒的事情，也就是说……我们每个人都需要……因为……所以……当……同时……有个人告诉我……你可以先……然后……这样比较好，难道不是吗？"

把这些写下来再念给对方听，当然你要配合你的身体，加上绝对身心一致性的表达。只要我们练习会这个，随时随地启动这个能力，就像行云流水一样，就可以把一个指令，当然是一个好的指令植入给对方了。当然你猜，这样会不会植入一个坏的指令？可以的，但我要劝你保持正心、正向、正念。

　　做老师的不能乱说话，你是给别人传递思想的，如果你学术不精，或者根本对某些事物没有理解清楚，你说错一句话，或者给别人一个观点，或者传递出一个错误的理念，你自己都不知道会对一个人的一生有多大的影响，尤其是老师对孩子说过的一句话，或者评判过，指责过，或许对那个孩子来讲，要靠一生去治愈。做老师的，说话要谨慎再谨慎，一定要中正、中立地看待问题，正念、正向，带着"我不知道"的态度来探索这个世界，或者这才是一个老师真正要做到的。

　　我看到有很多培训公司的导师，经常会去开什么弟子班，一副高高在上的样子，以为自己无所不知。其实每个人都是一样的，不存在我高你低，我比你更好，从本质上来说，大家都是完全平等的，每个人都有自己独特的天赋，每个人都有自己存在的价值和意义。而我们现在所看到的世界也不是我们所认为的那样，在这个浩瀚的宇宙中，我们所掌握的知识实在很有限，如果你已经开悟了，那也只是意味着你才刚刚打开了一扇门，看到了一条路，一条"回家"的路而已。一切才刚刚开始。所以，如果你下次在外面听课，再听到有老师说他要收弟子，那基本上，我猜这样的老师，水平也是很有限的，他对这个世界或许还没看明白呢。

　　如果你有机会来到曾老师的课堂，曾老师那种无我的状态，会呈现给你的是一面面"镜子"，让你通过这面"镜子"来看到自己的内心世界。即使是这样，曾老师都一直告诫我们不要叫他导师，让我们不要在网上宣传他，他认为自己还不够资格称为导师，他还需要努力。一位在中国 NLP 界影响力这么大的人，尚且都如此低调，你说，我们做老师的，是不是更要如此呢？

末篇

一、什么是回应术

回应术是 NLP 领军人物罗伯特·迪尔茨先生的毕生心血和智慧结晶。你想，你要是学会了，相当于增进 60 年的智慧，少走 60 年弯路啊。

罗伯特·迪尔茨曾经来中国讲过回应术，当时许多人都听得一知半解，包括我自己也是一样，但是我坚持不懈，每天都练习，同时还不断向曾老师学习回应术，一遍遍苦练。过了好多年，曾老师送给我两个字"精进"，他告诉别人朱志一是个很精进的家伙"。"精进"这两个字我特别喜欢，也就是说，学问的这条路上没有止境，我们总是有更多的东西要学，总是可以让自己的努力更深入，生命就是这样的一个过程。

很多人学回应术，都从国外学过来，很多翻译都是错误的，一点儿都不好用。曾经有个导师在国内讲 NLP 也小有名气，但总是有几条回应术会搞混，后来我告诉他去参加曾亮老师的 NLP 经典班，我对他说："我敢保证你听完这个课就开始懂了。"很多人会说："我去买本书来自己看看就行了，何必上课？"那不是一回事，完全不是一回事，在课堂上曾老师形成的环境完全令人折服。其实，对我来说，在学习回应术的过程中，我也花了很多时间，直至今天，即使我看上去语言的功底差不多了，回应术也算是基本了解了，但我还是在不断努力学习，像我的老师一样不断学习，学无止境。

好了，回应术重点讲的是什么呢？人有思想上的病毒，这些病毒和我们正常的细菌区别在哪里？我们说细菌容易治愈，病毒很难治愈，为什么是这样呢？为什么细菌更容易治愈呢？因为细菌的结构和我们人体的细胞结构区别很大，所以当我们的身体受到细菌侵扰的时候，我们身体的免疫系统第一时间就知道我们受到入侵，免疫系统会立即启动，对细菌进行攻击，从而来保护自己，这是细菌很容易被清除的原因。

当思想病毒进入身体的时候，我们的免疫系统不能第一时间去识别，意味着病毒可以在体内有机会驻扎起来，然后繁殖，繁殖到一定程度就发病了。那个时候我们的免疫系统已经很难抵抗，这就是为什么细菌和病毒都会对我们产生伤害，而我们身体反应不一样的原因。

我为什么在回应术的开始要讲这个呢？

因为在我们的生命当中，有些话你听起来就知道没好处，我们会拒绝它。比如那些你一听起来就荒谬的话："你生下来就是受苦的"，"你笨得像头猪"。总而言之有些话好像很有道理，你不知不觉就朝着他说的那个方向去做了，你确定这些话对你有好处吗？至少不一定有好处，这种语言我们就叫思想病毒，因为你的免疫系统很难识别它，时间一长，你就真的会生病，而且病得不轻，很难靠医学手段来解决，这也就是我们常说的"心病难治"。

有人说："男人不狠，事业不稳。"人要狠一点，狠到最后，对自己狠，对家人狠，对身边的人狠，那你在这个世界上还有意义吗？可是我不说这个，你发现很多男人会自动朝着这个方向发展，其结果很可能妻离子散。也许你有了钱，可是你发现钱对你没有任何意义，这是你想要的结果吗？

有人说，男人一定要坚强，坚强到最后，不断被现实的环境压迫，承受了无数的压力都不愿与家人分享，不愿意和别人沟通，人变得越来越冷漠，越来越不开放，把自己牢牢地束缚在这个思想病毒的牢笼里，时间一长，身体里的毒素积压，就很容易病倒。其实稍微改一下："男人要坚强，更要懂得宽容。"照这样的标准去做，身边的朋友会越来越多，谁说男人不能哭的？有时候就需要情绪的传递和发泄，需要感情的流露，需要完全释放自己的负能量，这样心灵才会更加健康，很多美好的事物才能走近自己。

我曾经遇到个女士，她不是我们 NLP 的学员，她说："事业好的人，都是对自己狠的人。"我发现很多人都会有这样的想法。我笑笑没吭声，可是我心里非常明白，因为我对语言已经非常敏感，对自己要求高，并不等于狠，你能同意吗？当你用"狠"这个字的时候，你要知道，你已经创造了一个苛刻的世界，你内心创造一个苛刻的世界，你的外在必然呈现一个苛刻的环境。文字是有能量的，当你不断用"狠"这个词语来鞭策自己，而不是用"要求高"这样的中性词语，那你的潜意识每天吸收的能量就是"狠"，做人要狠，每天要狠，久而久之，这就变成一件很可怕的事情，但是这种潜移默化的东西让我们的思想很难拒绝，我们不知不觉地就把它吸收进来，然后就由它来指导我们的生命，然后制造一个很可怕的结果。

在新疆的时候，有一个妈妈说我有一个困扰，我的孩子到了临考的关键时候，每天早上起不来床，我要打他才起得来。我问："你的孩子多大了？"她说："七岁。"我说："上一年级？"她说："是啊。"我问："上一年级怎么就是关键期了呢？"她说："人家不是说了吗，不要让孩子输在起跑线上。"你看这就是很常见的思想病毒，很多人用这种方式指导自己的孩子，对吗？可是我们从来没有怀疑过这是个思想病毒。我说："你这样做，孩子不会输在起跑线上，不过他很快会死在起跑线上。"一个 7 岁的孩子赖赖床正常吗？太正常了，好不好？我小时候也经常赖床啊，也没有影响我现在的成功和快乐啊，最起码没有影响现在的幸福生活，你同意吗？

最重要的是，这个思想病毒有个重大的假设：人生就是一场短跑比赛。人生是一场短跑比赛吗？不是，我们说生活不是一场短跑比赛，生活有时候更像大浪淘沙，是这样吗？很多时候，你发现当我们走在潮流当中，有些人被淹没，有些人始终在浪的最高峰，可是这不重要，最重要的是一场狂风过去，十场狂风过去，留在沙滩上的是谁？这个才重要，大家同意吗？所以生命不是一场短跑比赛，所以也就不存在"不要让孩子输在起跑线上"这回事。只要带着爱给他，按照你觉得最棒的爱的感觉去流动，去传递，去教导就足够了。也许对小孩子来讲最好的方式，就是自由成长。

通过这些例子你就明白，我们每个人的身体上都有很多病毒，思想上也有很多病毒。总之，作为老师一不小心可能就给了别人某个思想病毒，你要帮助他拔掉某个信念，还真不容易，幸亏有回应术。而罗伯特·迪尔茨的《十四条回应术》就是针对思想病毒发展出来的一套针对性语言，就是当别人甩出思想病毒时，我们如何去识别，如何去回应对方，针对思想病毒我们该怎么做。

学回应术，要多看看关于艾瑞克森的故事，我在这里挑几个给大家分享一下艾瑞克森是如何使用回应术的案例。

故事一：有对夫妻关系非常不好，经常吵架，要离婚了，可是彼此又觉得爱着对方，就找到了艾瑞克森来请求帮助。艾瑞克森说："我给你出个主意，你们开始学着共同做几顿饭吧。"那个人说："这个与我们的婚姻有什么关系？"但他们还是照做了，结果一个月后这对夫妻回来了，他们感谢艾瑞克森，他们关系真的好了，而且非常好。

艾瑞克森真的特别有智慧，我也曾经使用过这个方法，别人告诉我效果的确非常好。夫妻关系不好，我问他们平常在家是否一起做饭。很少。我说从现在开始在家做饭吃，吃一个月，看看怎么样，最好两个人一起来做。男人只等着赶快吃，女人在乎炒菜的过程，她要享受。我猜很多女性都有这么一个习惯，她享受炒菜的过程，不在于吃饭，发现没有？这就是男人和女人之间不同的感受而已。

很多人学完回应术后，都会说，我终于知道为什么上曾老师的 NLP 经典班和其他课程不一样了，为什么课程效果能达到惊人的满意，原来都是曾老师谈笑间转变观念的功劳啊！

故事二：有个女孩子，总是觉得她的脚好大，她就很自卑，她妈妈就很着急，怎么办呢？女儿这么自卑，对她以后生活肯定有影响。有一天，她妈妈找来了艾瑞克森，艾瑞克森说："没关系啊，你请我到你家去，假装我是个牙医给你看牙。"艾瑞克森假装给这位妈妈看牙来了，看牙的时候，艾瑞克森说："小姑娘帮我端盆水来，好不好？"那小女孩怯生生地端来一盆水，艾瑞克森假装没看到，踩了她的脚，说："哎，你的脚长大一点，我不就看清楚了，就不会踩到你了。"然后继续看牙。那这个孩子问题就解决了，不觉得很美妙吗？如果我们前文没有去做解剖，你也没有学过语言结构，你会发现艾瑞克森什么都没做，但一个人多年的思想病毒和信念框架就这样在谈笑之间解决掉了。

记得曾老师说过他的人生梦想，老师说也许有一天，当他坐在一家小摊上吃一碗面，旁边有个人坐在那里，老师一眼就看出对方生命的困扰，然后就一边吃面一边喃喃自语，吃完后就走人，然后这个人的生命因此而发生巨大的变化。这个人甚至都不记得他吃了那顿饭，无意中听了几句话，那个人甚至根本就不可能想起来，但一切就这样发生改变了。你们能想象出这是多美妙的一件事情啊。

写到这里，我记得曾老师来临沂上课，和我们一起去饭店吃饭，当时我的助理一直在抱怨一件事情，不断地在那里抱怨，吃饭都吃得很不定心，然后曾老师就只说了四个字，之后就改变了，想不想知道曾老师说了哪四个字呢？

老师说："那是过去。"当时我就在想，老师真的太厉害了。

所以很多时候不要小看语言的力量，语言足可以把一个人带到天堂，也可以把一个人带入地狱。

故事三：有个小女孩很自卑，牙齿之间有个缝，很大的缝，然后经常被人嘲笑，长大了一直没有谈恋爱，她找到艾瑞克森说："我不行了，我要自杀。"艾瑞克森说："好啊，在你自杀之前总需要报复那些嘲笑你的人吧？"她说："对，怎么报复呢？"艾瑞克森说："你用嘲笑的方法来报复他们吧。"她说："那我怎么用嘲笑的方法来报复她们呢？我的牙这么大的缝。"艾瑞克森说："这样吧，我教你一个方法，在未来的一个星期内，你每天练习含一口水，用牙呲水，你先别记着去报复，先保证自己能够呲到3米远。"那个女孩很听话，再加上艾瑞克森的超级亲和力和催眠的语调，女孩很愿意接受艾瑞克森的建议，每天在家练习呲水。一个月过去了，她可以呲3米了。然后她来找艾瑞克森，说："我练到了，我可以呲水3米远了。"艾瑞克森说："好，你可以报复那些人了，谁嘲笑你，你就用水去呲他。"有一天，那个小女孩到办公室里，刚好去打水喝，那个经常嘲笑她的男孩，又在嘲笑她。报复的好机会来了，她就用水呲他，呲了之后就跑，她跑了之后男的追她，两个人都笑起来了，这个男的追到了那个女孩，怎么样？一下子把她抱在怀里了，就这样他们开始恋爱了，当然自杀这种荒唐的想法就成了再也不可能的事了。

所以艾瑞克森的回应术真的超级厉害，我非常赞赏艾瑞克森的这种能力，这也是我花那么多的时间和精力去学语言魔力的原因，学会回应术，在谈笑间化解对方的危机，这就是真正的《出神入化的万能语言》。写本书的时候，我真的是做了很多很多语言的准备，这不仅让我在语言上更加精进，更让我深深地感觉到语言实在太神奇了，用在生活中，用在工作中都是无往不利。现在随着这本书的问世，我真的希望读者朋友能在语言上有所提升，这一定是一件很棒的事，难道不是吗？

二、语言的标签

在我们的生命中处理很多问题，是不是都要注意语言的应用啊？觉察你是否在给别人贴标签，觉察你是否一直活在别人的嘴巴里。我们经常在不知不觉中会给自己贴标签，给别人贴标签，这会极大地影响我们对别人的认知，从而失去很多机会。保持语言的中正，注意平衡，你才会发现喜悦。

心理学上有个标签效应。当时做了一个经典的实验，是怎么做的呢？随机选了三组学生，交给三组不同的老师。对第一组老师说："这是一群我们千挑万选最棒的学生，你们要好好带他们。"对另外一组老师说："这是我们挑的比较差的学生，你们要好好对待他们。"第三组什么也没说。一年以后，你猜结果会怎么样呢？第一组学生真的非常棒，各科成绩名列前茅。而说比较差的学生，成绩真的变得很差。所以在心理学上就有了这么一个标签效应，当我们给一个人，给一件事，贴上一个什么样的标签，事物就会朝着标签标注的方向去发展。

我曾经看过一个故事，说一个老师接了一个班的一名学生，那名学生非常调皮。他对这个学生的态度也不是很好，觉得真的是太捣蛋了，看到以前的老师对这个学生的评语也都很差。可是有一天，突然有个东西触动了他，他想看看究竟是什么原因造成这个孩子现在的状况呢？然后他就去调查原来所有的评语，一看，原来在三年级之前这孩子是个非常棒的孩子，他有点儿吃惊了。后来查到在这个孩子的妈妈去世后，他开始变得孤僻、变得封闭、变得有攻击性。这个老师非常感慨，他明白，一个孩子的缺点不能用我们的语言直接去评价。从此之后他刻意去表扬这个孩子，他认为这个孩子是优秀的，是很棒的，他在这个前提假设的基础上对待孩子，给孩子贴上"好"、"优秀"、"主动"、"热情"这些标签，同时还告诉了孩子身边所有的人，这是个好孩子。结果半年后这个孩子完全恢复到以前的状态。许多年过去后，这个孩子成了非常有成就的企业家，他回来对他的这个老师说："谢谢你，你就像我的妈妈一样忍受我的缺点，赞扬我的优点。"你可以想象，如果不是这个老师做了那么多事，很可能这个孩子的命运会完全不同。这才是一位真正的好老师。

所以我们说语言的标签厉不厉害？当你生病时，你给自己的身体贴了什么样的标签？当你心情不好时，你给亲人贴了什么样的标签？当你生意亏本时，你给朋友贴了什么样的标签？那些标签都对我们未来的生活和发展产生了至关重要的作用。其实我们说过："这个世界总是在不断地调整，来适应你对它的判断。"这个判断也是标签，所以你一旦贴上某个标签，整个世界都会朝着你贴的标签方向发展，所以正在阅读的你，千万要注意你说的每一句话，对别人的每一个判断，都是非常重要的，一不小心，有些标签就被别人接受进去，成为思想病毒，你会不知不觉地伤害别人，有时候甚至伤害了很多年，你都浑然不知，同时你也要觉察你是否在被别人的标签所伤害，并不断地影响你。

我们经常讲一个词："病症"。实际上病是病，症是症。症状就是我现在的状态：咳嗽。可是我们最怕的是生活中你把一个症状贴了一个病的标签，比如说肺炎，肺炎是病，咳嗽是一个症状。很多人看到小孩咳嗽，就会以为孩子是肺炎，结果把这个标签一贴，往往就不能对症下药。多可怕的思想病毒啊，真的是防不胜防，切记"病是病，症是症"。不会说话，千万不要随便开口啊！

那些误诊的，医死人的，经常就是把一个症状随便贴了一个病的标签，然后按照病来处理，结果人就死掉了，这种事特别多。孩子多动，但家长经常会给他们贴一个多动症的标签，然后就带去医院，配药，你想想，接下来哪会有什么好的结果呢？孩子越吃越傻，自己在没有察觉的情况下，亲手给孩子种下了思想病毒，白白毁了孩子。

我记得我们有个学员，他小时候爸爸妈妈非常宠他，尤其是他妈妈什么事都要替他去做，导致这个孩子从小就比较懒，也很依赖父母，结果长大了，自己什么事都不会做，然后他的爸爸妈妈就一直说"你怎么这么懒，比猪都懒。""你这么大了还什么事都不会，养你有什么用。""你长大了会一事无成。""你天天这样是没出息的。"你看不断地给这个孩子贴上"无能"、"懒惰""脑子坏掉了"这样的标签，久而久之，这个孩子就真的听之任之，变得又傻又呆。那这个问题究竟是谁造成的呢？还不是他的父母从小对他这么宠爱，同时又望子成龙，对他提出了自己的标准，并用语言使他染上了思想病毒，彻底地扼杀了这个孩子的能力。这样的家庭在中国多不多？我猜，很多家庭都在上演这样的悲剧，无数的孩子从小就被父母的"攀比"和"期待"贴上思想病毒的标签，这样的教育真的太可怕了。

幸运的是曾老师在 2015 年开了一个《NLP 智慧父母》的课程，第一期有近160 个天使学员来参加，曾老师教会这批天使学员分享如何做智慧型的父母，这些天使学员出去在全国各地公益分享《智慧父母》，广受好评。我记得课上有几句很重要的话："给孩子爱，而不是给孩子思想。""不要试图用爱的名义来操控孩子"这些话真的能帮助很多人看到教育的本质。如果有这样的天使来到你的城市，举办公益的《NLP 智慧父母》，你千万不要错过哦。

三、语言的结构

我们上面体验了语言的出神入化，这里有个关键是注意语言的结构，而不是内容。来，让我们再体验几种不同的结构。

"今天天晴，明天下雨。"
这句话代表着两个信息，两种资讯，呈现的是两种状态。

"今天天晴，但是明天会下雨。"
这句话有什么感觉？是不是有点儿不舒服了，往下掉了。

"今天天晴，同时明天会下雨。"
这句话是不是感觉就很平淡了，天晴和下雨都可以接受。

"今天天晴，虽然明天会下雨。"
这句话感觉是不是有点儿高兴，管他明天下不下雨，至少今天天晴。
内容一模一样，但加上不同的结构，给人带来的影响会完全不同，这就是我们之前为什么花这么多时间讲语言的原因。

有个经典的故事，大家想必都知道，曾国藩带着他的军队去打太平天国，他六战六败，写奏章："臣屡战屡败。"
他的谋士说："不能这么写的，这么写会死人的。"你想想，如果皇帝拿到奏折一看，屡战屡败，此等废物，留着何用，拖出去斩了。

那应该怎么写，情况也得如实禀报啊，所以改变了结构："臣屡败屡战！"

此等忠臣，要加官进爵，加大支持，结果后面真打赢了。

这句话的内容是什么？内容就是六战六败。可是你发现语言结构一调整，给人的感觉和结果完全不一样，所以语言或者说话的重点是结构，不是内容，现在明白了吗？你滔滔不绝说了半天，你以为你说的挺有道理，但是结构有问题，对方理解的或许就完全是两回事了。

所以，记住语言的重点是结构，不是内容。上面讲的是"但是"结构、"同时"结构、"虽然"结构。所以内容一样，结构不同，给人带来的影响也是不同的。通常我们说，一个人的改变，很可能是让他／她说话时，从"但是"改成"同时"开始。那些经常说"但是"的人，通常都不会开心，他／她生活中的人际关系会很窄，为什么啊？因为他说话总是会用"但是"，这是排斥的能量，一种否定的状态，久而久之，他身边的人就不愿意和他在一起，因为他总是喜欢用"但是"去否定别人，衬托自己。如果一个人说话经常用"同时"，这就意味着这个人首先不排斥对方，并且还认可对方的观点，同时表达自己的观点，这样的人的人际关系当然会变得非常的好。发现没有，有时候为什么你身边没有朋友？没有支持者？没有客户？就是因为你说话的结构出了问题，而你这么多年来根本不知道，一点儿都没有觉察。

我们说语言代表一个人的思维，我调整你的语言，其实是调整你的思维架构。所以，有时候当我要求一个人，在以后的生活中，把"但是"改成"同时"，他的思维模式也会逐渐开始改变，他已经开始学会包容，那么他的人际关系当然越来越好，他的生意会越来越好，他的心情也会越来越好。

所以语言的结构可以一句话把人带进天堂，也可以一句话把人带进地狱。这就是为什么我写这本书的时候，反复要求你给自己做一个承诺：我要把学的东西，用在正向的地方，对自己、对他人、对这个世界有好处的地方。

还有两个架构大家体验一下：问题架构和结果架构。

问题架构：这是谁的错？为什么会这样？要避免什么？

结果架构：我们想要什么？我们如何得到？我们还有什么资源？

在一个公司里开会，一般的老板经常用问题架构："这是谁的错？为什么总是这样？你们为什么做不好？"

是不是这样？

现在开始用结果架构："我们的现状是什么？我们想达到的结果是什么？我们怎么样才可以拿到那个结果？我们可用的资源在哪里？谁可以为这个结果做出贡献？"

如果我们总是这样去问问题，你会发现你会议的效果和氛围都会有很大的不同。记住结构架构的核心：你想要什么？

记得曾经有个学员，上曾老师语言课的时候问了个问题。说他的一个朋友，孩子在学校上学，某天上学时孩子流鼻血，流了很多，老师没有去管，当然这是他认为的。他就抱怨说："老师怎么能这样呢？我要找老师去，跟她理论。"

学员问，遇到这个情况该怎么办呢？检定语言检定不了啊。其实我们也没准备让你用检定语言解决所有问题，后来，曾老师就教这个学员："你试着问对方这几个问题。"问他："你到底想怎么样？你希望达到什么样的结果？你觉得你这样做能给你带来什么结果？"当你这样问自己，去思考了，这件事或许只是意外，或许是看问题的角度不同，如果去质疑老师，去责问老师，老师会怎么样？老师对我会有什么看法，接下去你是在给你自己找麻烦吗？

所以我们一定要明白，如何把问题朝向目标架构，要问关于结构的语句："你希望得到什么"、"想得到什么结果"、"怎么才能得到"、"你的资源在哪里"。当你总是问这样的问题时，你生命的方向就不一样了。你教育孩子的时候，孩子哭闹，闹就闹呗，家长尽量走开，让孩子一个人面对，当孩子看到哭闹没有结果，自然而然就停止了。

哭完了，你就要问孩子问题了："宝贝，我很好奇，发生了什么？告诉爸爸妈妈，你想要什么？让我们看看怎么才能得到？"

这就是语言的结果架构，也叫目标架构。

再来复习一下，怎么问出结果？

还有很多很多架构，比如生活中有梦想家、批评家、实干家。我们来看，他们说话的语言架构一样吗？

梦想家结构："我想要的是什么？我认为最完美的结果是什么？"这个结构好不好？好，许多人创业时异想天开，头脑一热就出现了梦想家状态，总是在空想，但就是不行动，所以，当我们的性格中只有这个梦想家思维结构时，麻烦就大了。

批评家结构："这个方案怎么可以这样，这个流程怎么会这么复杂？这个成本太高了！这个完全不现实！"我们常说的"泼冷水的家伙"指的就是批评家，批评家总是很谨慎，很小心，总是否定身边人的一些建议，这样做好不好？在一个团队中，有时候我们需要批评家尖锐地指出一些错误，但如果我们的性格中都是批评家的思维结构时，那我们难免要得罪人了。

实干家结构："怎么样才能变成现实？我要怎么做才能出结果？"实干家往往没有天马行空的创意，也没有不断否定的精神，他们是团队中不可或缺的组成部分，他们是执行者，但如果你的性格里只有这一种实干家思维结构，那只会闷头做事，有时候就会一头撞向南墙，让自己经历血淋淋的教训了。

所以梦想家、批评家、实干家，反映在语言上是不同的思维结构，对企业来讲，通常一个团队既要有梦想家，也要有批评家，更要有实干家。怕的是什么？批评家和梦想家太多，没有实干家，更缺少实干家的思维结构。所以作为一个老板要敏感，哪些是梦想家的架构，可以让梦想尽情的发挥，怕的是梦想家没说完，批评家就出现了。这样就把梦想家的热情迅速给浇灭了，对企业没有任何好处。当然也要有实干家的执行，把梦想变成现实。

我们讲批评家的思维结构，注意！要批评的不是梦想，要批评的是计划。我们很多人很容易成为批评家，批评梦想本身。在团队中，批评家要不要？要！如果我们光有梦想，结果发现成本根本无法承受，对这个企业有没有好处？没有！要的是这三个家都要有，关键是平衡！一个没有活力的企业，你就知道梦想家思维没有，一定是批评家很多；一个很闷的企业，通常实干家多，其他的没有；一个没有效益的企业，一定是梦想家和批评家多，实干家没有。

作为一个企业来讲，要平衡，说三种语言结构的人都要有，语言结构反映思维架构，思维支配你的行为，这个在 NLP 经典班里有专门讲解，而且有大量的练习让我们进行角色的转换和体验，现在我们只是从语言结构上来看这些事。

还有什么架构？还有未来架构，很多人做事说话，总是会想过去的一些事，这就是导致我们经常不开心的原因之一。当然还有时间架构，还有理解层次架构，以及其他架构。

有一次，曾老师去河南女子警察学校讲课，讲了一个故事：在美国有个人，他老婆要离开他，他非常愤怒，然后就把枪对准他老婆说："你只要敢走出这个门，我就一枪毙了你。"然后你知道吗？那个老婆只说了三个字，然后那个男的就把枪放下了。

想知道这三个字是什么吗？答案是什么？怎么说的？

有的人说："试试看。"那完了，你看我敢不敢试试看！特别是当自我失去控制的时候，千万不要说这样的话，据说新闻里那个北京小孩被这么摔死，就是因为这"试试看"这三个字。小两口吵架，最怕对方在激动的时候说"试试看"、"有本事你打我呀"，结果对方就真的试给你看。所以这种词语一定不要乱说。

那个女人很平静地看着他丈夫，然后对他说："然后呢？"这就是时间架构了，把时间拉到未来，然后这个人的思绪就开始改变了，他会想他把老婆打死，然后会进监狱，然后怎么样？越想越怎么样？最后当然就会把枪放下了。

在南京大屠杀的时候，当时很多难民都涌到了栖霞寺避难。当时也有很多军人都在栖霞寺，日本人在有些地方是有忌讳的，你看孔庙那里没有一个弹孔，对孔庙不会有任何侵犯。所以日本指挥官就要求方丈在几月几日把这些军人交出来，一交出来就完蛋了，烧杀抢掠什么事都会发生的。方丈不干，日本指挥官就说："你不干，那我就只有轰炸你的栖霞寺。"方丈对日本指挥官说："在炸之前，我不如先请你到栖霞寺看看，好不好？"

时间架构非常重要，当我们有冲动的时候，问自己："然后呢？"当我们面对现在的困难或挑战时，问自己："再过十年，我怎么看这事呢？"也许你的困扰就不是困扰了。

我记得曾老师曾经给正大集团新疆公司讲课，当时他们那个区的总经理对曾老师说他有一个困扰，正大集团准备把他调到华北区做总经理，而他自己又想留在新疆，就这样纠结了3个月，毕竟正大集团是一个很大的集团，他有把握做好，而且还能获得丰厚的回报，但是这样就要离开家，离开孩子。

然后曾老师就只问了他一个问题："十年后你怎么看这件事？"他突然头皮发麻，然后他就决定了。这个困扰了他3个月的问题，让他整天吃不好，睡不香，曾老师就这么一句话解决了。是不是很棒，这就是未来的时间架构。"再过十年你怎么看？""下一辈子你怎么看这事？"

当然，你还可以在不同的层面看一个问题，你可以在环境的层面，行为的层面，能力的层面，也可以在生命的层面看问题，所以很多时候，通过不同的层面架构能让你的思维更加清晰。

最后让我们学习用不同的层面思维，来给我们习以为常的语句结构重新命名，也就是说平时我们说的某一句话，我们换种说法，内容没有变化，只是结构产生变化，或许会有意想不到的结果。

比如"你失败了"可以改成"这次我没有击中目标"。

这两句话有什么区别？当你说你失败了，你是在自我否定，你压力大不大，难受吗？而后面这句话："这次我没有击中目标"，什么意思？我还可以有下次，我只是没有击中目标而已，并不是失败。

我们没有回避事实，只是说出事实的同时让你力量感增强，是不是很棒？比如说"我不够好"可以写成"我没有实现目标，可是我尽力了"。

给下面的一些句子进行重新命名，当你看到对方有一个不好的信念，不好的判断，那我们就重新组织一下语言，也就是说要预设资源，引发人们往好的一面去思考，同时说出事实。

我太胖了。

_____

_____

重新命名：说明你离瘦身的计划还差一小步。

我很疲惫。

_____

_____

重新命名：你过去一段时间工作比较努力。

我很笨。

_____

_____

重新命名：像你这样做事很细心的人不多了。

我记不住。

_____

_____

重新命名：到目前为止你的记忆力和想象力还发挥得不够好。

我很矮。

_____

_____

重新命名：你的意思是你长得比较精干。

我不行。

_____

_____

重新命名：你的意思是你暂时还没有完全实现你的目标。

我有挫败感。

_____

_____

重新命名：我知道你准备花更多的时间去练习。

我很丑。

_____

_____

重新命名：你的意思是对自己的形象有更高的要求。

把一切变成资源来看待就不一样了，同时没有违背说话的真相。所以要说出真相，又要让对方看到资源。如果你说得偏远了，对方就不舒服了，尽管你是善意的，别人还是觉得你有欺骗他的感觉。既要说真相，又要让他看到资源。

现在大家意识到语言结构的重要性了吧。要练好语言，你就需要投入更多的时间去学，这样，每个人都会有所收获的。

四、一字换框

一字换框有点儿像我们上一章讲的重新命名，但这里我们改变的不是句子，而是更改一个字或者词语。通常我们在表达一个事情上用了一些词，这些词语基本上是负面的，或者让彼此不舒服的词，但我们都没有觉察到，这里使用一字换框，可以让我们看到不同的词。用另外一个词去取代它，偷偷地改变了想法，使原来的意思更积极或者更消极。总而言之，同一件事我们说了一个词语，然后把这个词换一换，让它的意义发生改变，可以往负面引导，也可以往正面引导。

比如说："负责任"，正面引导就是指"更稳定"，如果往负面引导也可以是"不变通"。

淘气：可以用灵活，也可以用虚假。

稳定：可以用舒服，也可以用呆板。

果断：可以用自信，也可以用咄咄逼人。

节俭：可以用聪明，也可以用吝啬。

尊重：可以用周到，也可以用妥协。

现在做个练习，说出你生活中的常用词，一个中性词，分成两个方向来表达。比如友善有两个可能：和蔼，天真。每一个词用两方面来替代。

温柔：＿＿＿＿＿＿＿＿＿＿＿＿＿＿＿＿＿＿＿＿＿＿＿＿

参考：善良、做作。

谦虚：_____

参考：低调、自卑。

恐惧：_____

参考：小心、懦弱。

复杂：_____

参考：深刻、老奸巨猾。

单纯：_____

参考：善良、简单。

自信：_____

参考：坚定、固执。

开朗：_____

参考：活泼、张扬。

谦卑：_____

参考：恭敬、虚伪。

智慧：_____

参考：睿智、狡猾。

认真：_____

参考：严谨、呆板。

喜欢的：＿＿＿＿＿＿＿＿＿＿＿＿＿＿＿＿＿＿＿＿＿＿＿
参考：温暖的、虚假的。

幽默：＿＿＿＿＿＿＿＿＿＿＿＿＿＿＿＿＿＿＿＿＿＿
参考：灵活、搞怪。

活泼：＿＿＿＿＿＿＿＿＿＿＿＿＿＿＿＿＿＿＿＿＿＿
参考：开朗、幼稚。

你发现没有，当别人说话的时候，你可以根据需要，轻松地替换掉原来的那个词。如果你希望往积极的方向引导，就换成那一个积极正面的词，多往这个方向引导，慢慢地，你会发现，你整个人都是灵动的，你的思维也是灵活的。

五、什么是信念

其实我们学习语言，关键是要对付那些思想病毒。而思想病毒其实就是一些对我们不恰当的信念，所以我们有必要了解下什么是信念，才会把接下来的回应术运用好。

信念是把我们一部分生活经验和另外一部分感官体验链接在一起，并进行归纳和总结，最后存储在自己的潜意识中的一种思想。

有人说："不和我喝酒就是看不起我！""看不起我"是个信念，对吗？问题是他把"不喝酒"和"看不起我"这种感觉联系在一起，把一部分的生活体验和另外一部份感觉链接在一起，然后形成一个归纳总结，甚至扩展，扩展到没人看得起他，最后在潜意识里扩展成"我是一个不受欢迎的人"，别人都看不起他，他需要得到别人的认可。如果这样延伸下去，他的世界是不是受到很大的阻碍？

信念的结构是什么？信念到底是什么？信念的证据是什么？它会导致的后果是什么？什么导致了这个东西的存在？

例如我说"因为我学历不高，所以我不能成功"或者"因为我个子矮，所以没有人爱我"。你发现了没有，这都是检定模式里的因果式或复合等同式，这个就是信念的结构。

只要我们听到"因为……所以……"，就会知道对方的信念结构就要出来了。信念的结构中有一个价值观和准则，罗伯特·迪尔茨认为。准则是古希腊语，指的是你选择的依据，你做出判断的依据。我们往往把信念的准则称为后设架构，意思是指维持这个信念价值观背后有一个平台，有个基础的意思。

一个信念，前面是价值观，后面是准则（后设架构），如果一个人的信念中没有后设架构，其实信念也就不存在了。每个信念都会牵扯到对方的价值观，也就是说，一个信念中必然包含这个人所认为的价值观，而价值观包含了这个人的某个正面意图，或正面动机。

我经常会讲这样一张图：有一个房屋，信念就像这个房顶，价值观就像房子的四个支柱，规条就是达到房子的路。我们任何一个信念都是为了自己好，你相信吗？不管后来对你产生多么不好的影响，从本质上讲都是为了我们自己好，如果我们知道这个信念不能给我带来相应的价值，不能对自己好，这个信念很快就会被我们放弃。

　　"学习很重要。"这是个信念吧？这个信念一定有好处，它的目的是什么？让我们获得知识，从而改造我们的生活，让我们的生活更美好。如果不能达到这个结果呢？你会把这个信念放下，这个信念就不存在。所以信念的背后一定有一个你想得到的价值和正面动机。

　　价值是什么？价值就是你在意的东西，你觉得什么东西重要，有好处。你得到任何一个信念都是为了获得你在意的好处，如果没有这个好处，这个信念还有存在的意义吗？没有。

　　所以你想象一下，当你有一个信念，就像一幢房子一样，里面每根柱子都是这个信念的价值观，也就是说每个信念背后都有一个正面的意图，即使是限制性的信念，即使对你的生命没有好处的信念，它也有一个正面的意图。所以一旦当我们觉察到，我的某个信念不会给我带来相应的好处时，就像房子抽掉了柱子，这个房子还存在吗？当然就会轰然倒塌，不复存在了。

　　所以有人有负面信念的时候，当我们遇到一些对我们来说很糟糕的限制性信念时，该怎么办呢？通常我们会问：你这样想是为了什么？你这么坚持是为了什么？就是询问其信念背后的正面意图，也就是价值观。当对方一旦发现，这样做并不会得到原先想要的正面意图或好处时，就会放下信念。

　　所谓的回应术，就是在谈笑间化解一个人信念和价值观的艺术，曾老师 NLP 经典班里会重点练习这方面的内容。这里其实也牵扯到人的另外一个劣根性，我们大部分人很容易做着做着，就忘了为什么做，忘了最初的正面意图是什么。所以有句话叫："不忘初心，方得始终。"这句话值得重视和珍惜。

当然，我们每个人的信念还有一个预期的结果，比如学习很重要，你的预期结果是：学习会让生活越来越好。当然了，这里有个内在的状态，或者说内在的某种感觉。当你想到，学习会让你越来越好，学习很重要时，你会有什么感觉？你会产生感官信息，也就是指当你一想到这个信念，就会联想到相关的声音和画面，或者你曾经经历过一些美好事物，或者某种温馨的感觉。然后你就产生学习的冲动了，这个信念也就牢固地种下了。

比如说你去找工作，面试官一看你文凭，高中文凭，而别人是本科文凭，就录取了别人，很可能是那样的感官经验，你就坚定了"学习很重要"这个信念，所以信念也许就是我们曾经经历的某个事情而强化出来的一种感觉寄托。

一个信念的产生没那么容易，一个信念的维持也没那么容易。那我们明白一个信念一定是为了某个价值观，而在这个价值观背后有一个正面的动机，同时这份信念还有一种感觉帮助你进行关联强化，所以最后无论这个信念对你是好是坏，都无法让你去轻易否定这个信念。当别人有个负面信念的时候，你应该怎么办？怎么去化解呢？那就要用语言去问："你这样想是为了什么？你这样认为是为了什么？"当对方看到正面动机的时候事情或许就解决了。

我们还有一个解决信念的方法，就是通过身体来处理，这也是曾老师NLP课程中常用的一种身心一致的练习方法。

例如有个人有个信念，我们怎样去处理这个人的信念呢？你可以完全交给身体去做，拿一张A4纸，放在地面上，代表我的信念，然后我往后退一步，问自己：我要这个信念的动机是什么？闭上眼睛，慢慢感受这个背后动机，然后你再往前一步：你要到达的目标是什么？我的正面动机完成后的效果是什么？完成所需要的资源是什么？最后去感受这个练习带给你的画面或某个感觉。

这里要注意，目标和效果一样吗？当然不一样！假设你的目标是要赚到5000万，而效果是生活改善，想到哪里去就到哪里去，你看，目标和效果是不一样的。

现在，你应该知道信念牵扯到哪些问题，信念一定有一个正面的动机，有个它在意的价值。还有这个信念往下是什么？它的感官经验，曾经出现的画面，曾经经历过的事，在身体上留下的感觉，一定有这样的东西存在。通过这个信念，展现价值，你可以得到预期的结果并收获经验，这个经验与它内在的感官经验，曾经经历的图像、声音、体验还有状态是链接在一起的。

简单地说，信念通常是将价值观和其他的感官经验连在一起，首先是定义，然后是证据和预期的结果，最后产生了信念。

六、如何改变限制性信念

当你明白什么是信念后，再来谈谈限制性信念，限制性信念就是一种限制我们发展的思想病毒，我们虽然知道，但很难去除。

有人说："我很笨，我语言学不好。"你回答："可以的，你可以学好的。"这样说有用吗？根本没用！假如你说："我不漂亮。"我说："你很漂亮啊，我真的认为你很漂亮啊。"你发现有用不？没用的。

一个人的信念要去除没那么简单，不是说我给一个新的信念就能覆盖他／她原来的信念，为什么啊？这与什么有关系？与后设架构有关系，你要处理一个人的信念，你就要处理后设的东西。就像网页一样，你改变不了前面的内容，你要改变，就必须改变网页后台那些内容。

你发现我们直接去覆盖一个人的信念是没用的，为什么呢？因为后台没有改，后台就是这些东西，他/她认为自己笨，是有感官经验做支撑的。比如说，他小学的时候，老师经常说他笨，他就经常会浮现老师说他笨的那个画面，然后内心感受很难受，这个东西没有改，你想改变他的这个信念，改变他现在的现状根本是不可能的，因为后台没改。

感官经验元素是可以改变一个人的信念的，这本书里不讲述，因为它比较复杂，在 NLP 经典班里讲了感官经验改变情绪和他人的关系、和金钱的关系，所以在课堂上可以学到更多。

有人说："我没有价值。"假如我要改，那应该怎样去改变他这个限制性信念？

第一步，你选一个注定已经成为过去的信念，比如说，你是个孩子，你现在已经成年了，所以孩子是过去的信念。在这里没有价值，那你要改变成什么样的信念？"我很有价值，我很有贡献。"你要有这个信念，必然是积极正面的。能理解吗？你选择一个必然是真的信念，至少在你看来必然是真的信念。比如太阳明天会升起，至少在你看来必然是真的信念。

每当我想起我没有价值的时候，大脑中一定有一个画面。当然，我想起我是一个孩子，这样也有一个画面，怎么办？通过次感元技术，把他的经验元素画面进行调距，调到一个可接受的距离。"我是一个孩子"这个画面在很远的地方，"我没有价值"这个画面在这里，把它的距离移到孩子这个画面一样的距离，大小改成一样的大小，一样的动感，或者黑白。

能看懂我说的意思吗？这一段真的比较复杂，如果不懂，那只有去体验下经典班了。注意看，因为这个经验元素一改变，你的潜意识就成了过去的信念，再把这个想要的经验元素换成必然的，真的经验元素，位置、大小、平面、立体、动画，以及清晰度都一模一样，这就已经成了过去的信念，这里成了必然真的信念，就是因为我们通过这个技术，把对方潜藏在内心深处几十年的信念给替换了。这有点儿像电影《盗梦空间》里改梦境的技术一样，是非常有效实用的一种技术，在 NLP 的经典课程中，会有大量的练习。

上了 NLP 英雄之旅的人都知道，你要学会倾听身体内在微弱但永不消失的声音。我们每个人内在都有一个微弱但永不消失的声音，你要学会倾听它。在我们的社会当中，我们受这个世界的喧嚣影响太大了，这个世界的喧嚣，加上我们头脑这个自我的判断，掩盖了那些微弱永不消逝的声音，其实它一直都在那里。

听到那个声音真的很美妙，那个声音会告诉你怎么做，那感觉太棒了。有个人告诉我，"那也是我内心的声音啊。"不对，那只是你听到了头脑里的声音，头脑里的声音和心灵的声音有什么区别？心灵里的声音，没有因为所以，没有应该必须，头脑的声音很多是应该必须，你内心的声音是那么清澈、那么清晰，它是那么清楚地告诉你这样做，这是两个很大的区别。有一天你体会到的时候，才知道多美妙。

再次复习一下，要改变信念，覆盖它是不行的，因为后台不进去改，前面的页面是改不了的。那前面讲的后设架构怎么说的，只要有个信念，就一定有个预期，是不是这样？

比如这里有个限制性信念，你说："我永远没办法骑好自行车！"有没有人有这种信念？那是为什么？因为你曾经摔倒，骑自行车摔倒，摔得很厉害，然后经过删减、扭曲、归纳成"我永远骑不好自行车"，这是你的感官经验，那么你的预期是，你要去骑，还会再次摔倒，那你的状态是什么样子？无力，恐惧。那你的正面意图是什么？对，保护自己。

现在你明白了吗？你设想一个空间图，信念是这样一个结构，上面是什么？正面动机，也就是价值观。下面是什么？感官经验。前面是什么？预期。后面是什么？状态。知道这点非常棒，你下次就知道怎么来给对方做工作了。

如果你说："我能学会"，这个信念你会有什么预期？你会越来越好，你也会有感官经验，摔倒前你会保持更久一点的平衡,然后你内在有个什么样的状态？很有信心的感觉。你也有个正面的意图："骑自行车太有意思了，我相信一定能学会，我总得学一个东西，即使遭遇挫折我也得让自己学会。"你有这样正面的意图。

这是两个完全不同的信念，而秘密就是背后的东西不一样，如果我们要改变一个信念，无论任何方面的信念，从背后的这些东西着手。

限制性信念会产生退缩、麻痹、分离、痛苦、怀恨、伤害，基本上我们称之为战斗状态，防御的战斗状态。那一个积极的信念会怎么样？会产生中正、中立、保持中心点平衡的卓越状态。所以，如果你能从此书中有所收获，应该谢谢你们自己，不是我教给了你们什么东西，而是你们每个人通过不断学习滋养了我，我真的非常开心。

曾老师在NLP经典班里给大家传递了这个信息，不是让你脑袋知道，而是让你的整个身体感受到体验到这种状态。而且在你的生命发生挑战的时候，这种卓越的状态会自动出现，来帮助你去面对生命的挑战，那是最棒的一件事。

罗伯特·迪尔茨说过："知识只经过你的头脑，没有流过你的身体，那只是一个美丽的传说。"

而事实上，我们很多人都活在美丽的传说当中，现在我们要开始生活在现实当中。你要破除限制性信念，前面讲了，信念外圈包含正面意图、心理预期和负面状态，而最里面这一圈是限制性状态，那破除限制性状态，要做到什么？去看到你丰富的内在，用你内在的卓越状态，看到你核心的价值，然后形成你正面的预期和价值观，然后带着这种感觉和状态，慢慢地，你的这个限制性信念自动就会改变了。所以改变信念，不是覆盖，要从后台的方方面面去着手，后台修正了，就自动修正了。

有个学员曾提到："因为我是学法律的，我习惯学法律，其他的知识学不会。"

回应他这个信念的正面意图："这位学员，无论如何，你都这么尊重自己的专业，你在自己的专业里投入这么多的精力，保持这么高的忠诚度，真是一件非常棒的事情。"

看明白没有，改变限制性信念的第一步就是别人说了一个信念，然后你就要从这个信念里找到一个正面意图，学会了这个，我们就可以开始学习回应术了，拆解信念的其中十二条重要的回应术。

七、十二条回应术

太棒了，终于来到本书的精华——十二条回应术了。前面的学习和练习是不是很辛苦，当然，这是非常值得的。

再次强调，回应术是罗伯特·迪尔茨先生的毕生心血和智慧结晶。在学习回应术之前，我们要求大家打好身心语言、检定语言、模糊语言等重要基础，同时我们还知道了语言的基本原理以及关于信念的一些知识。这样，再开始学习回应术的时候，你会吸收得更快，更多。当然，看回应术这一块会非常过瘾，同时你要始终记得在日常中进行练习才能使其成为自己的语言。

回应术不是拿来照本宣科和死记硬背的，也不是按照固有的模式和话术来进行对答的，不要试图用你的大脑去背，而要用你的身体反复地勤加练习。只有这样，时间久了，当别人随便说一个问题或者限制性信念，你就可以脱口而出。而说出去的一定是最合适的那条回应术，你自动使用的那一招就是最好的那一招。

1. 正面意图

将对方的注意力引向信念正面或者负面，去回应一个人信念背面的目标或意图。

当有人说："我今天不去了！太贵了！我没时间！"
用正面意图怎么去回应呢？
为什么？
你为什么觉得贵？

你为什么没时间?

直接用"为什么"去询问出对方的正面意图。

你为什么一定要做咨询?

你为什么有兴趣要做这个事?

你这么做是为了什么?还有呢?还有呢?还有呢?

这是你一定想要的吗?

你有什么方法实现呢?

你是要,还是一定要?你为什么想要?

当然,事情有几个方面去看它的正面意图,很可能正面意图不是一个。你总可以从肯定对方的正面意图开始,就等于你总可以从接纳对方的观点开始,再和模糊语言配在一起,也可以用"我知道"开始,从猜臆式开始。

例如:"我真的做不到。"

怎么回应?

"我非常欣赏和支持你对自己的诚实。"先想想这样回应,对方舒服吗?

然后回应:"你为什么会认为自己做不到呢?"

客户:"这个价钱太贵了。"

怎么回应?

回应他的正面意图是什么:"我知道,你希望你的每一分钱都花得物有所值,这种想法我完全可以理解。"

看明白没有,回应术真的很厉害,每一句话说出去,都令对方很舒服,多练就好。

客户:"这次订货会时间太近了,我没法参加。"

正面意图这么回应："我知道，你想做到工作和现实生活兼顾，看来是一件很棒的事情啊！是这样吗？"

因为他说时间太近，暗含了他想去，同时他想兼顾他的工作或家庭，所以正面意图这样说了，他就很容易接受了。

再举个例子："我已经相信这件事这么久了，所以很难改变。"

这是一个因果式的限制性信念。你要打破这个信念是吧？如何回应他？正面意图："我非常欣赏和支持你对自己的诚实。"这里用"一字换框"定义诚实。"你的意图是对自己诚实，对你相信的事情持非常重要的态度。我们来现实地看看这件事情，要改变它需要什么。"这样回应怎么样？肯定了这个人对这件事情的正面意图，之后就容易沟通多了。

我们来看一个故事：

李强是一家 IT 企业的技术主管，每天都回家很晚，他和老婆离婚以后轮流带孩子。有一次轮到李强带孩子，那天晚上他拖着疲惫的身体回到家里，掀开被子就想躺下，结果一下子掀翻了被窝里一桶泡好的方便面。心情烦躁的李强抓起孩子就打。孩子一边哭，一边说："爸爸，我想给你做饭吃，又怕面凉了……"

看看这个故事中的正面意图是什么。

孩子只是个小孩，他把面放在被窝里，他的正面意图只是防止面凉了。而从李强的角度来看问题，没有看到孩子的正面意图，他以为是孩子的恶作剧或者是捣乱，从而怒火中烧。

正面意图通常都是人做出某种行为的动机，每个行为背后都有至少一条正面的动机。当我们学会观察和寻找正面动机的时候，就可以在生活中减少大量的误解、痛苦和后悔，为自己增加更多喜悦满足的机会。

【出题时间】
老婆："你死在外面别回来了！"
老婆的正面意图是什么呢？

【参考答案】
"你死在外面别回来了！"
"正面意图 = 老公我想你多陪我一会儿。"

2. 重新定义

用意思相近但含义不同的新词来替代信念陈述中的字眼。

重新定义也就是去重新组织对方的语言，或让对方换个方式表达。

你可以这样回应对方："除了这样表达，还有其他什么表达方式吗？""除了这么做，还有其他什么方法吗？"当你去这样回应对方的时候，对方自然而然地就会给你新的答案。

我们前面花那么多的时间去练习一字换框的意义就在于此，重贴标签，练好了，这时候再去重新组织对方的语言就很有用了。

例如："相信这事很久了导致我很难改变。"
我们把"很难改变"定义成陌生，这样去回应："我同意重新开始去超越某些界限，一开始会觉得有些陌生，同时我们可以试着去接纳。"你看，是不是重新定义了？把信念的每个部分重新用相近但含义不同的新词把它转化一下。换另外一种说法："是的，你抱着不放的某些东西，可以试着战胜自己放下它了。"

再看个限制性信念："人太多的时候，我会紧张得没法说话。"

这个怎么定义？"人太多"怎么定义？我们试着把"人太多"转化为"面对重要的场合"，"没法说话"转化为"你比较谨慎"。这样回应看看："我理解，你在面对重要场合的时候，你会比较慎重一些，这样也是可以的。"

再来一个信念："我方向感不好，记不住路。"

怎么回应？

"我非常理解你，你了解自己的特点，并在恰当的时候需要寻求帮助。"你看，"方向感不强"是不是可以定义为对方的一个"特点"啊？"记不住路"也可以重新定义为"寻求帮助"。这样一句话说出去，别人接收到是不是感觉很棒？
"我太笨了，学不会开车。"

是的，每个人都习惯待在某一个熟悉的状态中，当他面对一个新的状态时，总是有点儿不太适应。我们把"笨"定义成"熟悉的状态"，把"学开车"定义成"新的挑战不太习惯"。

我们来看一个故事：
1879 年，为了研制电灯，爱迪生在实验室里常常一天工作十几个小时，有时连续几天试验，用碳丝作为灯丝后，他又接连试验了 6000 多种植物纤维都没有成功。有一次采访中，一位记者问："爱迪生先生，你已经失败了6000多次，是什么让您这么坚持？"爱迪生回答说："我没有失败啊，我只是发现了6000多种不能做灯丝的材料而已。"

不久之后，持久耐用的民用电灯就问世了。

很多时候，我们会遇到或者听到一些降低能量状态的负面信息。这个时候如果用意思相近但含义不同的新词来替代信念陈述中所用的词语，就可以达到转变自己和对方状态的效果，从而摆脱相应的困扰，活出自己的精彩和正能量。因此重新定义在回应术中往往可以化腐朽为神奇，帮助一个人重新拾回信心！

【出题时间】
"我老公太倔了！"
如何用重新定义来回答这句话呢？

【参考答案】
"我老公太倔了！"
重新定义 = "你是说你老公对目标非常坚持吗？"

3. 另一结果

将注意力引向信念所建立关系的更正面或更负面的方向，聚焦这个目标后果，你相信的这个信念，继续专注下去会有什么后果。

最基础的回应问话：
你这样想会带来什么结果？如果你不这样想会有什么结果？

你坚持这样看问题会有什么结果呢？

除了刚才那个方法，你还有其他方法吗？

假如还有其他的方法，那会是什么呢？

当然你可以引发具体的结果，很多人只顾坚持某些事，却不注意坚持后的结果。

例如客户说："你产品的价格贵了，我不想购买。"

回应："如果您因为所谓的价钱，而忽略产品的价值，那这种思维模式会给您实际的生活甚至未来的人生带来什么结果呢？如果我们坚持所谓的价钱而不注意事物的真正价值，会让我们错失生命中很多重要的东西。"

这就是强调对方的这个信念，然后去引发对方思考，如果专注了这个信念会有什么结果。

这样我们就引出另一结果："如果你不这样想会有什么后果呢？如果你不这么看问题会有什么结果呢？"

经典班里讲过"一念之转"的概念吗？当你有这个想法的时候，你会有什么样的反应，你会有什么样的情绪，你会有什么样的行为；当你没有这个想法的时候，你会是个什么样的人。这是不是一个结果和另外一个结果的比较呢？

假如说我们的课程比较贵，用另一结果怎么说？

我看到很多人来上课，那是因为什么呢？或者说，假设你选择上课，你期望自己得到什么呢？可以从上过的人身上看到什么呢？

我们来看一个故事：

小刘是一个命运悲惨的女人，她做过很多心理治疗，都没有显著的效果。有一天她遇到了 NLP 课程，当她在课堂上分享自己有多少痛苦，命运对她多么不公的时候，老师问她："当你持有这样信念的时候，你有什么样的感觉？如果你继续持有这样的信念，分享这样的内容，会有什么样的结果呢？"小刘突然恍然大悟。

当一个人在生活和事业上遇到瓶颈的时候，往往是陷入了旧有模式和新模式的选择冲突中，也就是在舒适区和痛苦区的选择中冲突。这时候回应术中非常有效的一种回应就是："如果你继续持有这样的信念，或继续这样的行为，会有什么样的后果？"

将人的注意力引向信念的正面或负面影响，将信念中牢牢束缚的思想去加强或改变时，此时人自己就会做出相应的选择。

我们来看一个例子，看看老师是如何回应并处理的。

学员："老师，我认为我的能力不足。"

回应："当你认为自己能力不足的想法产生的时候，你有什么样的感觉？"

学员："不自信"

回应："当你没有能力不足的想法的时候，你有什么样的感觉？"

学员："自信。"

回应："也就是说你对自己的能力有一个标准，对不对？同时，当你看到自己能力不足的时候，也就是你成长的开始，是还是不是？"

学员："是的。"

回应："你认为自己的什么能力不足？"

学员："语言的能力不足。"

回应："你对自己的语言表达模式有一个期待，是还是不是？也就是说当你开始觉察到这一点，开始走向学习语言这一条路的时候，也就是自信的开始，同意吗？"

学员："同意。"

回应："也就是说，你已经开始了，是还是不是？"

学员："是。"

语言不是一招就能搞定一切的，我们学习回应术，不是用某一种化解的套路去回应对方，而是要学会去打组合拳，这样才能帮助对方看到问题的本质。

当我们可以面对自己的问题，承认自己的恐惧，承担自己的责任时，我们就会放下它而专注我们真正想要的。保持觉察，看到生命不同的面向，人生就会拥有更多的选择，从而转向一个不同的目标和未来。

所以 NLP 经常说："你不需要去改变世界，你只需要改变你对世界的看法就可以了。"通过一种结果和另一种结果的对比，让我们明白一个人的问题主要不在于改变信念，而是让自己的世界观与现在的自己保持一致就行了。

【练习时间】

如果我继续保持这样的想法，我是一个什么样的人？会给我带来什么样的结果？还有呢？

如果我没有这样的想法，我会是一个什么样的人？会给我带来什么样的结果？除了选择这个方法，还有没有其他方法呢？还有呢？

4. 向下分类

任何一个东西，在语言中，有因果关系，有等同关系，有归属关系，此时就可以根据它的属性进行上推或下切。

比如什么属于什么？
人属于动物，动物属于生物，生物属于物质，物质属于存在。

人，往上分是什么？动物。平着分有什么？猪、牛，都是动物的一种。往下呢，有男人，小男孩。男人平行的有女人。总而言之，你发现任何一个事物都有往上归类的机会，平行归类的机会以及往下分类的机会，所以你遇到事情要学会上下纵横的去拓展，明白周围的关系。

为了让你更好的理解上推、下切、平移，我们再来看一下这个分类图：

行 → 衣 / 食 / 住
↓
陆上交通工具 → 水上交通工具 / 空中交通工具
↓
汽车 → 火车 / 电车 / 地铁 / 单车
↓
日本汽车 → 德国汽车 / 美国汽车 / 中国汽车
↓
丰田汽车 → 本田 / 日产 / 马自达 / 三菱
↓
皇冠 → 哥露娜 / 凯美瑞 / 花冠

↓

气缸容积 → 颜色 / 款式 / 座椅 / 配置

↓

制造原料 → 成本 / 历史 / 技术需要

通过这样的上推、下切、平移，我们就能让自己的话题范围更广。

通常用上推下切常用的回应话术是：

你的归属，你相信什么？

你的证据，你是怎么认为的？

除了这个方法，你还有什么方法呢？

假设还有方法，那会是什么呢？还有呢？

当你去这样回应对方时，对方大脑就会开始进入分类状态。

我们来看一个故事：

"李总，如果我是你的话，我一定会试用过产品后再下决定，因为这个产品在未来必定会为我们酒店节约大量的成本。"

看着这个第 N 次来拜访自己的年轻人，李总突然觉得这个年轻人这么像自己刚开始创业时的样子。

"李总，想一想，贵酒店为什么在此时有了这样的采购计划？如果我们行业里的其他酒店都因为成本的降低……"

在这个故事里的业务员，他从李总的本身行为，谈到酒店，再谈到行业，不断在向上归类的过程中创造共识，这个技巧能够轻易地在事情和观念之间，由普通的移到具体的，或让人们只注意恰当大小的讯息。在向上归类的时候多问几个为什么。在向下分类的时候多问如何做，有哪些。运用好这个回应术，会帮助我们在谈笑间，将你要表达的信息，通过提问的方式，帮助对方将问题调整在最恰当的范围内，同时做出正确的思考。

为什么你说话不清楚呢？为什么你道理说不清楚呢？因为你心中把事物的归属规律忘了，你把归属关系没理清楚，比如说上司与上司的关系，同事与同事的关系，上司与下属的关系。

为什么人际关系混乱？你发现你对上司说的话和对下属说的话都一样，当然会搞乱，因为你的内在没有把这个关系理顺。

现在我们做个练习让你理顺。

比如向上归类：NLP培训属于什么？培训，培训属于文化，文化属于存在，到了存在你就没法归类了。

平行归类：培训还有什么？语言培训，营销培训，情绪培训，目标培训，状态培训，演讲培训，领导力培训，执行师培训等。

向下分类：执行师培训包括什么？精准观察、卓越状态、亲和力、感知位置、目标管理等。

你这样分，任何一个东西都这样分，你把这些理顺了，你的思路就清晰了。试着找个东西去做个练习，先练习实物，再练习虚拟的东西。

例如："我坚持这个信念很久，很难改变。"
这里往上归类就是模糊，越往上越模糊。
回应："很多时候事情一模糊你的感觉就变好了。"

例如："我很生气，我女儿的床总是很乱。"

回应："每个人都可以拥有不同的状态空间。"

这句话你听的感觉怎么样？房间是一个空间，女儿是一个人，女儿的房间是个独立的空间，乱是一个状态，所以我们就回应：每个人都有独立的状态空间。总而言之，都可以往上归类的。

例如："我做事懒惰。"

回应："每个人做事都有特别的节奏。"你也可以说："每个人在不同的年龄，处理问题的时候，总有其特别的状态。"这是明显地往上推了。刚才的"节奏"这个词有点儿重新定义的味道，所以记住回应术混合使用效果是最好的，千万不要死记硬背用一招一式去回应。

总而言之，用这个回应术会说得对方很舒服，对方就会放下他的限制性信念。

为什么来上曾老师课程的人变化那么大？是因为这些人的内心被老师说服了，老师按照对他们更有利的方式说话。这种感觉就像昭示一样，这是往上分类，昭示跨越语言了，很多事情，你发现没有，往上堆高一点儿你发现就没那么多问题了。还有什么困扰，往上推！

"客户很难沟通。"这个怎么回应？每个人都有独到的沟通方式，当你面对一个新的沟通方式的时候，你会觉得有一点儿挑战，或者你需要有个适应的时间，这是一件很正常的事。

当你往上推的时候，那个痛苦就没那么大了。所以每个人说话，你都可以往上推一下。不管对方抛出虚的概念或者实的物体，你都要有个清晰的归属关系。

好了，开始学习向下分类。NLP经常说的一句话："怎么样一口吃掉大象啊？把它切成能放到嘴里一块块的，就能让你吃掉一头大象。"所以下切是NLP重要的思想。

完成目标也是一样，目标通常看上去很大，看了你就发怵，把目标分解成一小块一小块，小到此刻能完成的是什么，那时候你就觉得目标可以做到了。

当我们记模糊语言和检定语言的时候，按照结构可分为：删减、扭曲、归纳。其中删减可分为：简单删减、比较删减、主谓宾不明确；扭曲可分为：猜臆式、相等式、因果式、虚泛词式、假设式；归纳可分为：以偏概全、价值判断、能力限制。

还记得怎么样吃掉一头大象啊？把它切到可以放到嘴里的一小块，你就可以吃掉它。怎么样实现一个宏大的目标啊？把它分解成当下可以做的事情，就可以开始完成它了。

你可以猜想在许多年前，我说我要成为一个全国知名的导师，多少人觉得是不可能的事，现在我发现我不但做到了，还做得非常好，比我想象的要好，比我预期的都要好。

我们学知识也是一样的，你看这本书讲的是语言，语言是不是很复杂啊？但是被我们这样拆来拆去，你就发现一块块的，越来越清晰的感觉，然后你去灵活运用，又轻松又简单又好用。

比如这个月你可以专门练检定语言，下一个月可以专门练模糊语言，当我的检定语言有点儿熟的时候，顺便能带出模糊语言，但专注点放在检定语言，一块一块地练。

我是从 2011 年开始重视语言，以前一学语言就晕，我反复听曾老师的录音，估计听了 60 遍左右。在这个过程当中，我把专注点放在语言里面，当时罗伯特·迪尔次说的东西我是看不懂的，我记了很多笔记，随时拿出来练习，这还不是最重要的，我觉得学语言最好的方式是什么呢？就是去分享。把自己刚学到的东西去分享，去讲课。

刚开始我讲课我会讲几天？讲一天，讲关于语言和沟通，为了这一天，我做了大量的准备，在这一天内只要有一半出彩，我就成功了 50%，当然学员们对我的评价很高，一开始，我就给我自己打了 75 分。

当你分享的时候，你会记得更深，这些知识经由你的身体流出去，最终还会流回给你自己，这样就记忆深刻了。当我们一开始给别人分享的时候，不用一出来就讲得很棒。当你讲到 10 次以后，你就自然而然地熟练了，当你可以在公众面前讲一天了，这一天的内容已经相当熟练了，就可以接着讲第二天。当然，每次出来讲，我也需要做些准备，要做一个精进的人是不容易的，当然别人不会看你背后的努力。如果你还能继续精进，那就开始第 4 天或者第 6 天，这样肯定容易出成果啊。

用这样的方法，每个人出来做导师都是 OK 的，其实这里用到的就是切细，不要总想着一口吃掉，这是大忌，我们做管理也好，做事业也好，都要一块一块地吃透。

我以前为了把理解层次讲好，连续几天我都在看理解层次，我清楚地知道自己在干什么，当我要去讲改变经验元素，我会知道经验元素背后的秘密，为了讲经验元素，我把 NLP 所有的书都翻到经验元素那一页。讲语言的书一大堆，我把所有讲语言的书买来，然后在大脑中慢慢形成系统。

我把如何成为一个导师的路给大家讲清楚了，所以，不要着急，好不好？唯有无限的耐心才能换来即刻的效果，对自己宽容一点儿，对自己越宽容，你就能坚持得越好。

记得有个学员曾经在课堂上说过："跟随曾亮老师学了三年的 NLP，听了15 次经典班，可是自己没有要求学得怎么样，就是不断地学，不断地泡在课堂里。突然有一天发现，哦，原来自己可以这样说话，原来我把 NLP 的理解层次弄通了，这个东西从此属于我了。"你看就是这样一块一块地切细，总有一天会全部吃下去一头大象的。

所以说大家不要着急，多一份坚持，多一份努力。我想每个人与《出神入化的万能语言》结缘，最终都会有很大收获的，你不用像我当初学习语言那样痛苦了，因为终于有这么一本完整讲述语言的书了。

通过前面的理解，是不是更加清晰了，向下分类是多么棒的事。而向上归类，就是把它归到更大的分类当中，从而改变信念所界定的关系。所有的事情都可以往上或者往下去归一下，这样它的范围就改变了。

这里把信念的改变归类成知识的形成或者这个信念周期的改变。一个信念很难改变，就把它与自然周期失去链接。当我们把事情往上归类，换句话也就是说，过去的知识不一定能代表未来。当一个知识和自然更新的过程重新链接时，信念就可以被改变，因为所有的信念从形成到瓦解的过程都有一个自然周期，没法逾越，问题在于你这个信念自然生命周期的长度是多少呢？过去你认为的一个信念，过了十多年，你还会是这么认为吗？当你这样问自己的时候，你的潜意识就有一个结论，信念是有周期的，有周期必然就有开始的一天和结束的一天。如果我们帮助对方，让对方的信念突破时空的限制，从而使自然周期结束，对方的潜意识就会收到这样一个信息，他的信念自然而然地就打破了。

【出题时间】

最近我公司员工总是频繁流动，这给我带来了很大困扰！如何来回应他？

【参考答案】向下分类

你留住员工的目的是什么？

你为留住员工做了哪些？

现在员工中有对公司比较忠心的，你是如何做到的？

还有其他方法吗？还有呢？

5. 隐喻

隐喻是比喻的一个种类，找出由信念所定义的一个关系的比喻，说白了就是把两个不相关的东西扯到一起来进行含沙射影。也就是指当对方的问题或信念有很多答案，同时因为某种原因不方便直接回答时，就需要通过隐喻的方式，来发人深省。

我们来看一个故事：

一位弟子向大师抱怨："你给我们讲故事，却从不向我们揭示故事的寓意，这是为什么？"

大师回答："如果有人给你奉上果实，却将它将嚼烂后再给你吃，你还愿意吃吗？"

悟性即人性，开悟就像一道光，所有的大师都是生活高手。我们发现很多大师说话都喜欢用隐喻，通过一句隐喻，又能照顾彼此的面子，又给自己留下充足的空间。在和客户沟通时，善于用隐喻，可以高效地互动，达成既定目标。

例如："课程贵了"，这个怎么隐喻？

回应："很多时候，我们去学习的时候，就像买一台车一样，也许你觉得宝马的确比桑塔纳贵，可是你有没有想过，当你开宝马会给你带来不同的人际关系，不同的交往范围，不同的身份认同，那你还觉得宝马贵吗？"

隐喻的话关键是让对方心里产生无限的想象，我们可以找人做个练习。怎么练隐喻？两个人做搭档，A说一样东西，B就随便拿个东西隐喻。

比如：A说书，B拿个茶杯。

隐喻：书有很多时候就像茶杯一样，它里面盛满着你非常需要的能量。

就这么练习，一个人说一个东西，另一个拿着一样东西就说："某某东西它就像……"

比如：A说生活，B指着马桶。

隐喻：有时候，生活就像马桶一样，该冲走的就让它冲走吧。

记住，我们练习这个的目的，就是让所有的信息资源搭上线。NLP说一切都是另外一切的隐喻，也就意味着，你本来就应该随时把两个东西联系在一起。当你能够做到这一点的时候，做隐喻就太简单了。

NLP和灯光

隐喻：NLP就像灯光一样，在你累的时候照亮你的内心，给你温暖。

NLP 和旅行

隐喻：人生就像一场旅行，累的时候需要一张凳子让我们休息，有时候又像一把梯子让我们站得更高，看得更远。NLP 就像那张凳子或梯子，在我们累的时候给我们休息的地方，同时可以让我们在人生的道路上站得更高，看得更远。

事实上，我们不能接受一个东西，就在于我们给它贴太多的标签，当我们讲隐喻的时候，我们就可以拉近和别人的关系，降低别人的抗拒，把别人带入自然接收的状态。我们不需要最后让他记住那个隐喻，而是记住那个隐喻带来的感觉，他内在的变化就开始了，所以你们要学会做隐喻。隐喻是回应术中最实用，最好玩的东西了。

再看个例子：学语言是挺好的，可是要学到出神入化挺难的。

回应：是的，很多时候，我们学东西就像开车一样，当我们刚开始的时候，的确会手忙脚乱，手足无措，可是你发现，无论如何，当你经过一段时间后，你总是可以驾驭这台车。

在这里，我给大家一个建议，就是对自己要求别那么高，回应术是别人毕生的心血，如果你光靠看书能学到某个程度，说实话，这不得不说是一种福报。如果你看这本书很慢，练习也没那么顺畅，同时你对书中的知识有一份崇敬，就这样去理解。你抱着这份崇敬去好好地练习，我敢保证，你终究能达到非常顺畅的程度，不用对自己太苛刻。我自己学这些东西，我保证比你们学的时间长很多，所以你们每个人其实都比我厉害得多。我是认真说的，检定语言是萨提亚一生最核心的结晶，模糊语言是艾瑞克森一生的结晶，回应术是罗伯特·迪尔茨半辈子的心血。所以你能阅读这本《出神入化的万能语言》真的是一件很幸运的事，不管你学得怎么样，都已经比别人厉害多了，要耐住性子，不要着急，不要对自己太严格，太苛刻。我们经常说一句话："多一份宽容就意味着多一份坚持。"

多一份宽容多一份坚持，这是什么？这是价值判断。多一份坚持就意味着多一份宽容，这是什么？这是等同。虽然一句话，框架不一样，给你带来的感觉就不一样。

当你每天翻来覆去地练习，有一天，到任何人面前，做个演讲还不容易吗？去影响别人还不容易吗？引导别人的思想还不容易吗？

我敢保证，这会变得非常容易。

对自己说："我对自己宽容一点儿，也就意味着我的坚持可以多一点儿。"带着这样的感觉看下去，这样好不好？

再看几个例子：
信念就像计算机程序一样，问题不在于程序有多老，而在于你是不是懂编程语言。

再看一个故事：
有一个人汽车轮胎没气了，他要去补胎，来到一家轮胎店里，问："师傅，补个轮胎，多少钱？"
修补轮胎的师傅说："补胎有 60 元和 120 元两种，你要哪种？"
那个人说："那就 60 的就行了。"
接下来修补轮胎的师傅说了一句："你的车不上高速的吧？"

看，语言多厉害。这就是一句隐喻，让这个人联想到高速……事故……安全……从而改变了原来的决定。所以有时候我们根本不需要去强调自己的产品有多好，去说服别人购买你更贵的产品，只需要在谈笑间运用好回应术，很多事情就会事半功倍。

有了假设才有事实，没有假设之前是没有事实的，这是语言精妙的地方，隐喻大家都会了吧，现在你们都可以随便拿两个东西隐喻，太棒了。

6.改变框架大小

从不同的情境重新评估信念的含义，更长或更短的时间框架，较大的人群框架或个人观点，更大或更小的视野。

我们先来看一个故事：

老和尚带小和尚去游方，途遇一条河，见一女子正想过河，却又不敢。老和尚便主动背女子趟过了河，然后放下女子，与小和尚继续赶路。小和尚不禁一路嘀咕："师傅怎么了？竟敢背一女子过河？"一路走，一路想，最后终于忍不住了，问："师傅，你犯戒了，怎么背了女人啊？"老和尚叹道："我早已放下，你却还放不下！"

小和尚的框架是什么该做，什么不该做，什么是对的，什么是错的。老和尚用自己的行动告诉他，没有一成不变的框架，只有每时每刻都在变化的生活。改变框架的大小，很多事情的意义就会不同，一个人的信念也就容易被瓦解。

小和尚问师傅怎么摆脱痛苦？老和尚让他抓了一把盐放到一碗水里喝，问他："咸不咸？"小和尚回答："很咸！"老和尚又带他来到湖边，把整袋盐倒进湖里，让小和尚再喝，问他："咸不咸？"小和尚回答："有点儿甜。"

引导一个人从不同的情境框架中进行思考，这些情境包括：更长或更短的时间框架，较大的群体或个人观点的身份框架，更大的或更小的视野框架，当然还包括空间框架，角度框架……当框架改变了，信念的意义就会发生改变。

你有个下属要离婚，你试着改变框架，怎么回应呀？

回应："听说你准备重新思考你人生的想法，婚姻有时候就像马桶，偶尔也会堵塞，找个东西捅捅就通了。"

当然，你还可以继续说得好一点儿："婚姻就像马桶，堵的时候的确让人心烦，甚至想砸了它，其实当它畅通了之后，你也不会有这个想法了。每个人都可以选择自己幸福快乐的人生，你选择让自己舒服是很好的，同时你在我心中一直是正向积极，敢于面对挑战的善良知性的女人。我们做一个决定很容易，其实改一个决定有时候也很容易。这样真的会让你开心快乐吗？除了这个方式还有其他什么方式？"

记住，谈话时随时随地去改变谈话内容的框架，可以拉得很长，也可以拉得更短，还可以改变不同的框架。

例如用身份框架：你自己怎么看这个事？你的父母怎么看这件事？你的孩子怎么看这件事？更多的人群怎么看这件事？

视野框架：用更广阔或更小的视野来看这个事。

其实这件事情，可能你不是唯一一个这样想的人，有些人曾经也会有这样的想法，最终他们还是放弃了。当不是你一个人，而是从更多人的角度来看这个事，我们把框架放大的时候，发现有这样想法的人越来越多，那我们自己改变的概率也会越来越多。

例如：我确信，当你决定后，你的孩子会很感谢你改变这个信念的努力，而不是把离婚这个信念传给他们。

时间框架：当有人拿枪对着头的时候，你怎么说呢？"你把我打死以后，然后呢？"当有一个人纠结的时候，怎么说呢？"十年后你怎么看这个问题呢？"

改变框架并不是单纯地放大或缩小，而是根据你语言的需要调整这个框架的大小。至少现在别人再遇到一个信念，你可以从整个人类来看，大家怎么来看这个事。当有一群人出现同一问题的时候，你可以问："就这个问题你个人从这个角度，怎么看这个事？"

当别人产生限制性信念的时候，从整个人类历史长河的角度我们怎么来看这件事？

你发现，改变框架很容易把很多人的某种信念给扭转过来，只需把这个框架放大或缩小，缩小到此刻。

7. 反例

反例也叫"黑天鹅"，就是找出一个例子或"违反规则的例外"，来挑战或丰富由信念所定义的总结。

你的信念会随着时间变弱，生活中举反例的例子很多，如果你的信念是具体的，找反例就更容易了。

反例常用的回应术：那是真的吗？有没有例外？

来看两个故事：

有个女人走进 NLP 课堂，恶狠狠地说："男人没有一个好东西！"

老师问："那是真的吗？包括你的儿子？你的父亲？"

市场部经理走进董事长办公室："王总，因为全球遭遇市场危机，所以整个市场都进入低迷阶段，我们的行业业绩普遍下滑 15 到 20 个百分点，好消息是我们公司只下滑了 5 个百分点。

董事长学过 NLP，开口就问："你百分百确定那是真的吗？我们这个行业里业绩做得好的公司一个都没有吗？"

市场部经理挠挠头："我知道该怎么做了，谢谢老板！"

再看反例的另外一种回应方式：

客户："太贵了！"

回应："那你朋友还说很便宜呢，他说过这是最便宜最有效果的课呢，或许你一开始认为有点儿贵，实际上过之后觉得太超值了，有没有？"

回应术中的反例就是让人突破自我限制的一个非常有效的技巧，所以不管什么情况都问自己，有没有例外呢？找出一个违反规则的例子，来挑战或丰富自己信念所定义的结果。

这在 NLP 的课堂中叫"一念之转"，把反例用在我们日常的对话中，会非常有效地解决任何人固有的信念。

8. 价值准则层次

准则层次又叫核心价值观，是找出信念所确认的准则，并根据比它更重要的其他准则来重新评估（或强化）信念。

我们来看个故事：

美国科学家做过一个震惊世界的实验，在两个柱子上面，一边放一只母老鼠，另一边放盘食物，中间放根电线，爬过去危险不？危险，所以不到足够饿，不到要它命的时候，它是不会去爬的。好，在这根电线上通上电，只要一爬就电它，没有电的时候，有点儿饿，它就会爬；通上电的时候，很痛苦但不会到饿死，它就不会爬。最后把电流逐步加大，加大到一爬就痛苦，比饿还痛苦，最后死也不爬。现在把柱子另一边的食物去掉，换上一窝小老鼠，结果科学家发现不管电流多大，即使被电晕，这只母老鼠也会坚定不移地去爬……

这个实验告诉我们什么道理？不同的东西，在我们的心中，重要性是不一样的，不同的事物对每个人的价值是不一样的。

所以我们在改变对方信念的时候，放入对方更在意的价值层次。

通常说服一个人，你只需要不断去挖掘别人内心深处在意的价值就行了。当你明白这个道理，做生意就容易多了。把你产品的价值点和他更在意的东西联系在一起，他就更容易采取行动了。说服别人的时候就是只需要这一个策略就够了。

举个例子：

"喜欢喝啤酒吧？你通常喜欢什么牌子啊？"

学员："青岛啤酒。"
回应："在什么情况下，你不选择青岛啤酒呢？你会选择其他的吗？"

学员："青岛啤酒没有了。"
回应："如果饭店里面有青岛啤酒，但是你没有选择，那是什么原因呢？"

学员："气氛不好！"
老师："假设气氛也可以接受，你还是没选择，那是什么原因呢？"

学员："客户指定了其他啤酒。"
老师："假设客户没有指定，气氛也可以接受，你还是没选择青啤，选择了其他品牌，那是什么原因呢？"

学员："场合不对。"
老师："假设场合可以接受，气氛也可以，你还是选了其他品牌的啤酒，那是什么原因呢？"

学员："威胁。"
结论：安全更重要，这倒挺符合马斯洛的基本生理需求的。

看明白没有，总而言之，这个问话就这样问，一层一层，对方更在意的价值准则层次递进就慢慢出来了。

常用的回应话术：

如果发生什么，你就能和我签约？

现在，我能为你做什么？

在什么情况下，你还能优惠？

例：

"你找老婆第一在意的是什么？"

学员："支持我。"

回应："那什么情况下，即使她不支持你，但是你还是娶了她，那是因为什么？"

学员："她长得极其漂亮。"

回应："那就是漂亮比支持更重要。她不是极其漂亮，但是你还是娶她，那是为什么啊？"

学员："她怀孕了。"

回应："看到没有，怀孕意味着责任，责任比支持更重要。有时候即便她怀孕了，你还是没有娶她，那是因为什么？"

无论他怎么回答，内在的准则层次是什么？我只是用这种方式教你们一种语言的方法，一层一层地了解对方的准则层次。

有些女人为什么嫁不出去啊？根本不知道自己在意的价值是什么。你愿意嫁给一个男人，那是因为什么？一句话出去就明白是怎么回事了，大家懂了没有？原来准则层次是这个意思，说白了就是挖掘内心深处，更重要的价值需求。

再举一个例子：

"对不起，张先生，关于这次合作我们不能签约。"

回应：

在什么情况下，我们可以签约合作呢？

现在不能签约，那什么时候可以呢？

此刻我还能为你做些什么呢？

还记得本书开头那个去印度的学员黄某吗？他用到的就是价值准则层次中的一句回应术："此刻我还能为你做些什么呢"。这句话真的很厉害，一下子就让对方看到自己的准则层次了。以后当你实在没办法了，可以试试这句回应术，我觉得这句话价值百万啊！

很多时候，有些事我们愿意做，有些事我们不愿意做，那是因为价值准则层次。你跟别人谈信念的时候，把他拔高到他更在意的东西，讲什么啊？讲使命、孩子、健康、快乐，不断地通过假设问句：在什么情况下，我们可以合作？一层一层地问，往往对方就愿意采取行动了，就愿意改变信念了。

每个人都有自己的价值观，都有自己的准则层次，找到这个准则层次，在相应的时期做出相应的回应，对方就会朝着既定目标前进，成交和打开市场就会变得非常简单。

9. 反击其身

根据信念所定义的关系或准则，重新评估信念陈述本身。

回应语："我看到你……所以……"

先看一个故事：

有一次美国著名作家马克·吐温过一座独木桥，迎面被一位绅士挡住，两个人一时都过不去。这个绅士趾高气扬地说："我从来不给无赖让道！"马克·吐温却很有风度地把手弯到胸前，幽默地说："谢谢，而我恰恰相反。"于是，大大方方地让开了。

还有一次，马克·吐温与一位夫人对坐，他对这位夫人说："你真漂亮！"夫人高傲地回答："可惜我实在无法同样赞美你。"马克·吐温毫不介意地笑笑说："夫人，只要像我一样说假话就行了。"

在很多情况下，对方咄咄逼人的语言让人很不舒服，适当用反击其身的回应术技巧，就能让他看到自身问题。

经常有人说："我对学习语言没有信心。"
回应：那你对这句话有信心吗？其实，语言学起来没那么难，去反击其本身。

有人说："我没有时间来上课。"
回应：你连上课的时间都没有，你的确该来上课了。

有人说："我没有钱来上课。"
回应：上课的钱都没有，你更要来上上课了。

有人说："改变信念很困难，主要是时间问题。"
回应：那你持有这个观点多久了？

对一个问题本身进行反击，去掌握这种语言技巧。没有自信，你对这句话有自信吗？没钱上课，更该来上课了。

注意,练习这个回应术的时候,不要把这个技巧用在沟通上,容易破坏亲和力。

10. 超越框架

从动态的,个人化情境的框架重新评估信念——建立关于信念的信念。

回应术: "不是……而是……"

先来看故事:

一位住在山中茅屋修行的禅师,有一天趁月色到林中散步,在皎洁的月光下,他突然开悟了内在的灵性。他高兴地回到住处,却看见自己的茅屋遭了小偷的光顾,找不到任何财物的小偷刚要离开,在门口遇见了禅师。

禅师早已把自己的外衣脱掉拿在手上,小偷看见禅师,正感到惊愕时,禅师说: "你走这么远的山路来探望我,总不能让你空手而归,夜凉了,你带着这件衣服走吧。"说着,就把衣服披在小偷的身上,小偷不知所措,低着头溜走了。禅师看着小偷的背影穿过明亮的月色,消失在山林之中,不禁感慨地说: "可怜的人呀!但愿我能送他一轮明月。"之后,禅师回到茅屋赤身打坐,进入空境。

第二天,他从极深的禅境里睁开眼睛,看到他披在小偷身上的外衣被整齐地叠好放在门口。

当我们与别人沟通的时候,如果因为别人犯了错,而去追究责任,那对事情本身的结果毫无意义，只有我们超越框架去看问题，问题才能有效地解决。当我们与人沟通的时候，超越对方的框架，对方就会有豁然开朗的感觉，从而对彼此的人生都会产生深远的影响。

例："我持有这个信念这么久了，很难改变。"

这句话怎么回应："或许你有很难改变信念这个想法，是因为以前你缺少轻松改变它们所需要的工具和认知。"

从更高的层面来讲，你超越这个问题本身。"你不去搞清自己想要什么，你一定会影响你生命的质量"，把这个框架拉高了。上课时我怎么说的，"我不一定给你想要的，但一定给你需要的"，就是把框架放大了。

客户："太贵了。"
回应："这不是钱不钱的问题了，我不一定给你想要的东西，但我会给你需要的东西。在生命中，你都不知道自己想要什么样的生活，你怎么能过上自己想要的生活呢？"

11. 现实检验策略

重新评估信念所说明的事实，人们从对世界的认知中提取出这个事实以便建立他们的信念。

看下面的故事：
有一天，艾瑞克森在医院里遇到一个病人，他向艾瑞克森自我介绍说："我是耶稣基督。"艾瑞克森没有给这个病人下诊断，也没有说他是神经病或魔鬼附身，而是和他聊起天来。后来艾瑞克森拿来尺子，让病人站在那里反复测量什么，又拿来很多木板摆出十字架的形象在那里敲敲打打，病人问："你在做什么？为什么不给我治疗呢？"

艾瑞克森说："你不知道吗？复活节快到了呀！"

病人沉默了一会儿，突然跳起来跑掉了，一边跑一边喊："我不是，我不是耶稣"。

当一个人陶醉在自我想象的世界里，不要和他进行辩论和讲道理，那毫无用处，此时对他来说，他自己编造的这个故事和世界所形成的信念是极其牢固的，遇到这样的人，通过现实检验策略就能让他看到真实的答案，就像曾老师说过的："凡是真实的，不受任何威胁；凡是不真实的，根本就不存在。"

具体怎么来讲？你之所以有这个信念，是因为你有后台，其中有一个后台支柱就是你的感官经验：声音、画面、感觉、经历。后台很多，信念背后的后台有哪些？价值观、内在状态、预期的结果、感官经验。

那些记忆或内在的表象让你觉得改变信念很难。比如说：你很难学会骑自行车。你发生了什么故事，或者头脑中有什么画面，有什么声音，让你觉得学自行车很难？你会想你曾经骑自行车摔倒了的画面，很痛，原来是这个东西让你产生信念。

感官经验是什么东西：看到的，听到的，感觉到的，嗅到的，触到的。有些东西并不是真实，为什么不叫经历而是感官经验？因为有些东西并不是真实的，但是在他的大脑中虚构了画面。有些人为什么不结婚，因为他虚构了结婚后的痛苦感觉和画面。

现实检验策略，就是把他的感官经验找出来，你有这个信念是你听到过什么，看到过什么，或者感觉到了什么。

有人说以前掏那个钱上了课，发现一点儿都不值。这里可以用模糊语言："我非常理解，你因为过去的事情而有所担心，最重要的是我们因为担心还是要继续寻找，如果我们因为担心而停止寻找，就像喝水呛着了，就不再喝水，那只会让自己渴死。"

客户："太贵了。"

回应："从你生命的角度来讲，真的有贵和便宜这一说法吗？如果你买到的这个产品，让你的孩子未来更成功，让你的孩子明白他想要什么，让你的孩子明白为什么要努力，让你的孩子生活得更幸福和快乐，你还会觉得太贵了吗？你会怎么办？"

12. 世界观和另一世界观

从不同的世界观的框架，重新评估信念。

回应术："这件事对你来说是一个人受益？还是整个公司？这件事你的老师会怎么看？你的朋友会怎么看？你的孩子会怎么看？其他人会怎么看？"

最后一个故事：

有一位酗酒者来找艾瑞克森，他嗜酒如命，他的父亲与岳父也都是离不开酒瓶的酒鬼，他实在厌倦了与酒为伍的日子。

艾瑞克森说："这样吧！既然你希望我针对这历史悠久的问题想个办法，我建议你去做一件似乎不对劲的事情，请到植物园去看看那些仙人掌吧，赞叹那些可以在缺水缺雨情况下存活三年的仙人掌。然后，自己再好好反省。"

许多年后，一位年轻女孩突然到访："艾瑞克森博士，自从你将我父亲送往植物园后，我的父亲就再也没有碰过酒了。"

我们说没有绝对真实的主观世界，每个人总是习惯从自己的角度看事情，当我们从不同的世界观来看问题的时候，许多信念就会产生不可思议的效力。

所以，我们都很幸运，很多人没有认识到他们的限制是信念所造成的，他们完全可以改变这些限制，艺术家经常把他们的内心挣扎变成创作灵感的源泉。我想知道，当你在努力改变信念的时候，可能给你带来哪些创新呢？

从另一个人的位置换位思考。如果你是他，想想你是一个事不关己的旁观者，你会怎么看这个情景？你从另外一个身份角度，如何看待这个世界？能够从另一个人的世界观来看待情景，通常会带来许多新的领悟和理解。通过放大对方的格局，用更高的时空角改变对方看问题的眼光。

大家都明白了吗？

八、总结

有人曾经对我说过，自己不喜欢听一大堆理论，也不愿意去学习，就怕被洗脑，总觉得自己现在够好了，遇到问题就靠自己的知识和经验来判断和处理。

这样的人多不多？很多，很多，很多……

这些人在各行各业都算是不错的人才，逻辑思维特别缜密，但这样真的好吗？

且不说学习的重要性，难道不听理论，不来课堂学习，我们就不会受到外界的影响了？

这本书看到这里，这么多的回应术，难道还不能发现我们的信念都是在自己与社会的交往过程中一点一滴形成的吗？这些思想病毒对自己有怎样的影响呢？你现在的生活，轻松、喜悦、丰富吗？

这些抵触学习的人，往往通过自己的学历和经验让自己变得非常成功，所以就开始抵触新的知识，他们希望求稳，他们希望自己是最优秀、最杰出的，其实在这背后他们对未来充满恐惧，害怕失去自己好不容易创造的这些成就。看看多少有这种想法的商业巨头，哪怕是世界500强，例如柯达、诺基亚，在时代的变化中逐渐消失。

这个世界唯一的不变就是在变化，同一种方法，同一种思想，同一种理论适用于今天，但绝不可能永久适用。NLP不会告诉我们答案，老师说得最多的是"请不要相信我所说的内容，请相信你自己的感觉。"最重要的是通过询问，让你看到自己的内在，让你自己看到问题的核心，这样的课难道不值得我们每个人都去感受一下吗？

为什么全世界各地那么多企业老板要来上曾亮老师的课？为什么当企业经营困难的时候就越要来上课？老师在课上也不会去推销任何产品，更不会要求每个人买什么东西，一切都是顺其自然。真正理论的东西很大，大部分都是练习和感悟，学习得越多，肯定对自己的帮助越大，而且还认识那么多的学员，何乐而不为呢？

回到回应术这里来，我不得不说一下，我们在未来的工作和学习中，在遇到每一件事情时，不见得都用同一种回应方式。我们学了十二条回应术，十五条模糊语言，再加上那么多检定语言。让你的语言自然流淌，千万不要死记硬背，在一棵树上吊死。

学语言最好的方式就是不断地朝前走，不断地去练习，不断地去挑战，我记得有一天晚上，我做梦，梦见检定语言、模糊语言、改变框架、上下归类、反击其身、十二条回应术，然后突然就通了。

再回顾一下，整本书最重要的就是解除限制性信念，先搞清楚信念的后设结构，一个信念之所以那么顽固，是因为它对结果有个预期，有个内在的状态，还有一个感官经验，和一个价值观的正面意图。

回应术不是针对信念本身，而是针对信念的后设架构，把后台拆掉，信念就没有立足的余地了。

语言要做到出神入化，通过文字来表达，有时候真的很难去讲明白，有时候文字往往苍白无力。

就好像你从来没吃过蜂蜜，现在让一个人不说话而告诉你蜂蜜是什么味道的，蜂蜜究竟是怎么一回事，无论这个人怎么用手比划，怎么去写文字，怎么去传递，你都很难明白蜂蜜是啥，只有亲自品尝，你才知道它原来是如此甜蜜。

这本书我已经尽量把"出神入化的万能语言"表达清楚，我发现文字很难把里面的神韵和感觉描绘出来，所以，不足之处，请大家谅解。还是那句话，有机会来曾老师的经典班体验一下，亲自尝尝蜂蜜究竟是什么味道，你会发现另一个全新的世界。